I0105517

www.ingramcontent.com/pod-product-compliance
Lightning Source LLC
Chambersburg PA
CBHW060947050426
42337CB00052B/1627

# نزاعات البقاء

## الإسلام ، أمريكا ، وعلم النفس التطوّري

تأليف : عزيز أمين          ترجمة : ماهر رزوق

# CONFLICTS OF FITNESS

Islam, America, and Evolutionary Psychology

Author: A.S. Amin
Translator: Maher Razouk

ISBN: 978-1-647046-04-0 (eBook)
ISBN: 978-1-647046-03-3 (paperback)

# المحتويات

الإهداء : إلى قاسم وليانة

# تصدير المؤلف

يسرّني أن نقدم النسخة العربية لهذا الكتاب : «نزاعات البقاء». ترجمة هذا الكتاب شرف هائل لي. كان لديَّ حبًا عميقًا للغة العربية منذ دخولي إلى الجامعة. وبعد التخرّج ، قضيتُ سنة في القاهرة لأستمر في دراسة العربية ، وأعتبر هذه الفترة في مصر من أحسن أيام حياتي.

رغم معرفتي باللغة العربية ، فمهارتي فيها غير كافية للكتابة على الإطلاق. أريد أن أشكر مترجم هذا الكتاب (ماهر رزوق) لكل جهوده ، خاصة صبره على إزعاجي المستمر خلال إعداد المخطوطة. كنا في اتصال مستمر خلال هذا المشروع ، وأستطيع أن أضمن للقراء أن هذه الترجمة فعلًا ممتازة ، ووافية للكتاب الأصلي تمامًا.

في رأيي ، لهذا الكتاب تطبيق خاص للعالم العربي. أتمنّى أن يستفيد القراء العرب من هذه الترجمة ، ويتمتعوا بها أيضًا.

**عزيز أمين**
يونيو ٢٠٢٢

# تصدير المترجم

يعدّ هذا الكتاب الأول في مجاله ، بالرغم من أنه يعتمد على علم أصبح دارجًا في الوقت الحالي ويُدرس من قِبل المتخصصين وعامة الناس ؛ أقصد علم النفس التطوري. لكن كتابنا هذا يعتمد منهجًا جديدًا من مناهج البحث ، فهو يحاول أن يوضح تعاليم الدين الإسلامي باستخدام أدوات وآليات علم النفس التطوري في تفسير الظواهر الإنسانية!

لا يعتمد الكاتب أسلوب التبرير بقدر ما يعتمد أسلوب التفسير العلمي الموضوعي لضرورة تواجد تعاليم دينية في منطقة ما ، بحيث تناسب المناخ الإنجابي السائد ، والذي يقصد به : طرق تواصل الذكر والأنثى مع بعضهم البعض ، والأساليب التي يتبعونها لجذب أحدهما للآخر بحيث يمكن إقامة علاقة جنسية تؤدي إلى توليد ذرية تخصهما كليهما...

من تعدد الزوجات إلى تغيرات المناخ الإنجابي (علاقة زواج طويلة الأمد أو علاقة جنسية عابرة) ، إلى وضع المرأة في ظل الدين الإسلامي ، كل ذلك تمت مناقشته بطريقة علمية موضوعية جديدة تمامًا. وبالرغم من أن شهادتي قد تكون غير كافية (بما أنني مترجم الكتاب) ،

إلا أنني أرى أن هذا الكتاب يقدم للقارئ (خاصة القارئ العربي المسلم) نظريات جديدة مبهرة في تفسير أسباب نشوء التعاليم الإسلامية بما يتعلق بالزواج والعلاقات!

عندما كنت أعمل على ترجمة الكتاب ، غالبًا ما كنت أتواصل مع السيد (عزيز أمين) لأعبر له عن إعجابي ببعض التفسيرات الرائعة التي قدمها ، وأشكره طبعًا لأنه سمح لي بأن أخوض هذه التجربة الممتعة. في النهاية ، أود أن أقول أنني أتمنى أن أكون قد قمت بعمل جيد ، وأتمنى أن يستمتع القارئ العربي بكل جملة كتبت في هذا الكتاب ، لأنه بحق كتاب ممتع ومفيد للغاية .

# ماهر رزوق
يوليو ٢٠٢٢

# تمهيد

لقد وقع الحدث الأولي الذي أدّى في النهاية إلى وجود هذا الكتاب قبل تسعة عشر عامًا. كنت أتنقّل عبر القنوات التلفزيونية وعثرت بالصدفة على عرض حول شيء يسمَّى علم النفس التطوري. لم يستغرق الأمر وقتًا طويلًا قبل أن أدرك أن هذا المجال الجديد كان قادرًا على تقديم رؤية عميقة لكل جانب تقريبًا من جوانب الطبيعة البشرية.

على مدى السنوات التالية ، قضيت وقتًا طويلًا في تعلم المزيد عن علم النفس التطوري وتحليل جوانب حياتي المختلفة (على سبيل المثال ، ديني ، المجتمع الذي عشتُ فيه ، الموسيقى التي استمعت إليها ، وما إلى ذلك) من خلال هذا المنظور الدارويني. كنت مندهشًا على نحو مستمر من قدرة علم النفس التطوري على تقديم تفسيرات متماسكة ومختصرة لما بدا في البداية وكأنه تنوع محيّر من المعتقدات والسلوكيات البشرية. بعد فترة ، شعرت بأنني توصلت إلى ما يكفي من الحجج الإبداعية لمحاولة تأليف كتابي الخاص.

بعد عشر سنوات ، وساعات لا حصر لها ، أكملت المخطوطة الأولية للكتاب. كان كل ما تبقّى هو الأمر «البسيط» المتمثل في نشر الكتاب. ولكن من المؤسف أن

الافتقار إلى المعرفة بكافة خيارات النشر المتاحة ، إلى جانب بداية العمل في مهنة الطبّ وتكوين أسرة ، أدى إلى فترة طويلة من المماطلة والتسويف. وقبل أن أعرف ذلك ، مرت ثماني سنوات أخرى. ومع ذلك ، فإن بلوغ سن الأربعين يؤدي إلى تنظيم تركيز المرء ، وقد زوّدني مرور مرحلة الشباب بالدفع اللازم لإكمال هذا المشروع.

لا يوجد نقص في الكتب المنشورة عن علم النفس التطوري ؛ هناك العشرات من الكتب الممتازة. فما الذي يميز هذا الكتاب؟ في البداية ، لا تزال الأدبيات الحالية صامتة إلى حد كبير عندما يتعلق الأمر بالإسلام. أما ثقافة البوب الأمريكية ، وخاصة موسيقى الهيب هوب ، فإنها تحظى بقدر أقل من الاهتمام. ربما أن هذا الأمر متوقع إلى حد ما ؛ أشك في أن العديد من المتخصصين بعلم النفس التطوري قد أمضوا الكثير من الوقت في دراسة الشريعة الإسلامية أو الاستماع إلى موسيقى الراب. ورغم هذا ، فإن الإسلام وثقافة البوب الأمريكية ، لأنهما يحتلان مكانين متناظرين على الطيف الإنجابي (المزيد عن هذا لاحقًا) ، يوضحان منطق السلوكيات البشرية كلها.

فضلًا عن تقديم نظرة فريدة للموضوعات التي تتناولها الكتب الأخرى ، فإن هذا الكتاب يقدم عددًا من النظريات الجديدة أيضًا. وبسبب أن هذا الكتاب ذو تخصصات متعددة ، لديَّ اقتناع بأن أي شخص لديه اهتمام بالإسلام ، أو علم النفس التطوري ، أو التاريخ والثقافة الأمريكية سوف يجد هذا الكتاب مفيدًا وجذابًا.

يفسر الأمد الطويل بين تأليف هذا الكتاب ونشره سبب عدم ذكر الأحداث الحالية ؛ ولهذا أطلب من القراء الأعزّاء التساهل. وبالرغم من ذلك ، فإنني أعتقد أن الأحداث الحالية في الشرق الأوسط تقدم تأكيدًا واضحًا للنظريات في هذا الكتاب عمومًا ، وخاصة في الفصل الرابع.

ما كنت لأكون قادرًا على تأليف هذا الكتاب من دون مساعدة العديد من الأشخاص ، الذين أدِين لهم جميعًا بقدر هائل من الامتنان. أولًا وقبل كل شيء ، أود أن أشكر أمي وأبي. ما كان هذا الكتاب لِيُكتب قط لولا التعليم ووقت الفراغ اللذان وقّراهما لي بسخاء. كما أن نظام مكتبة جامعة كولومبيا كان كنزًا لا يُقدّر بثمن. قدم عشرات الأصدقاء مقدارًا هائلًا من وقتهم المحدود لتقييم المخطوطة الأولية ، وحسّنتْ تعليقاتهم وانتقاداتهم هذا الكتاب بشكل كبير. وأخيرًا ، أود أن أشكر زوجتي. لسبب غير مفهوم ، فإنها لا تتّفق مع كل شيء في هذا الكتاب ، وخاصة الأفكار الواردة في الفصل الأول. ورغم هذا ، فإن إعداد هذا الكتاب للنشر استغرق وقتًا طويلًا لم أستطع أن أقضيه معها ومع الأطفال ؛ لذلك كان دعمها المتواصل موضع تقدير كبير.

**عزيز أمين**
سبتمبر ٢٠١٥

# مقدّمة

شهدت الأربعون سنة الماضية ظهور رؤية ثورية للطبيعة البشرية ، وذلك بفضل التقدّم في مجال علم النفس التطوري. من خلال الدمج بين علم الأحياء التطوري وعلم النفس الإدراكي ،[1] يحاول علم النفس التطوري تفسير السلوك البشري في ظل فرضية جوهرها أن الغرض الأساسي للدماغ البشري هو تعظيم *اللياقة* ،* أو الإرث الجيني في الأجيال القادمة.[2]

على الرغم من أن هذا الكتاب سيتناول مجموعة متنوعة من الموضوعات ، إلا أن موضوعًا أساسيًا واحدًا سيكون هو المحور. إن المحاولات لتعظيم اللياقة الإنجابية لا بد من أن تؤدي إلى نشوء التضارب في المصالح. تظهر هذه الصراعات بأشكال متنوعة تبدو بلا نهاية ، على مستويات تتراوح بين الفرد من جهة والحضارة من جهة أخرى. سوف يكون البحث عن «نزاعات اللياقة» هذه ، الاهتمام الأساسي لهذا الكتاب.

---

* ترجمة كلمة "fitness" في اللغة العربية أمر صعب. استعملنا كلمة (البقاء) على غلاف هذا الكتاب لوضوح المعنى ، ولكننا من الآن سنستعمل كلمة (اللياقة). هذه الكلمة لها معنى خاص في البيولوجيا ، يشتمل على البقاء ونقل الجينات إلى الجيل القادم ، إما بالإنجاب المباشر وإما بإنجاب الأقارب ، اللذين يشتركون في بعض الجينات. (المترجم)

يركز هذا الكتاب على حضارتين : العالم الإسلامي والغرب (خاصة الولايات المتحدة). نحن على اقتناع بأن دراسة أيهما كثيرًا ما تقدم البصيرة عن الآخر. علاوة على ذلك ، فإن السعي إلى تحقيق أقصى قدر من اللياقة ينطوي على حلول وسط ومقايضات ، والطرق المختلفة التي تُعالَج بها هذه القضايا في الحضارتين لها آثار هامة على البشرية ككل.

إن هذا الكتاب يقتصر على مواضيع معيّنة مثيرة للاهتمام ، ولا يحاول مناقشة مبادئ الإسلام أو علم النفس التطوري على نحو شامل. قد يجد القراء أن الكتب المدرجة في المراجع مفيدة لمعالجة هذا الموقف.

# الفصل الأوّل

# تعدّد الزوجات

إن أصل هذا الكتاب يكمن في مناقشة دارت ، ذات يوم ، بيني وبين أحد أصدقائي التي كانت تشاطرني آراءها عن الدين. كانت ترى أن تعدد الزوجات لا مكان له في مجتمع متحضّر ، معتبرة أنه مؤسسة غير سوية بطبيعتها ، أنشِئتْ لتلبية رغبات الرجال المنحرفة.

إن السماح في الإسلام بتعدد الزوجات هو مجرد شيء واحد من بين العديد من الأشياء التي يُستشهَد بها كأدلّة على طبيعته المعادية للمرأة. يتناول الفصل الأول من هذا الكتاب تعدد الزوجات من وجهة نظر بيولوجية. كما سوف يسمح لنا هذا الفصل بتقديم بعض الأسس المفاهيمية للموضوعات التي تمت مناقشتها في بقية هذا الكتاب.

* * * * * * * *

يمكن ملاحظة مجموعة واسعة من الإستراتيجيات الإنجابية في جميع أنحاء مملكة الحيوانات. على سبيل المثال ، تنتج الزواحف والأسماك عادةً كميات كبيرة من النسل ، ولكنها تستثمر قدرًا ضئيلًا من الوقت في تربيته أو لا تستثمر أي وقت على الإطلاق ، اعتمادًا على احتمال نجاة نسبة ضئيلة من هذا النسل من الافتراس وأسباب أخرى للوفاة ، والوصول إلى مرحلة النضوج. أما الحيوانات الأخرى ، مثل الثدييات والطيور ، فلديها عدد أقل من النسل ، ولكنها تستثمر قدرًا كبيرًا من الوقت والطاقة في تنشئته لزيادة احتمال بقائه على قيد الحياة. [3]

عندما نركز على الحيوانات التي تستثمر بشكل كبير في تربية صغارها ، فنرى عمومًا أن الإستراتيجيات الإنجابية مختلفة بين الجنسين. سبب هذا الفرق في الأساس هو الاختلاف في مقدار *الاستثمار الأبوي* بينهما. [4] لنبدأ بالقول أن الخلايا الجنسية للذكور هي الحيوانات المنوية، والتي يمكن إنتاجها بشكل غير محدود وبدون كلفة تقريبًا. على النقيض من ذلك ، الخلايا الجنسية لدى الإناث (البيض) ضئيلة نسبيًا في العدد وغير قابلة للتجديد، وهذه الحقيقة تجعلها أكثر قيمة. علاوة على ذلك ، فإن الأنثى عمومًا هي التي تتعامل مع صعوبات الحمل ، والولادة، وغالبًا تكون هي العائل الوحيد لنسلها. قارنْ هذا مع الذكر ، الذي يقتصر استثماره في كثير من الأحيان على الحيوانات المنوية التي يستخدمها لتلقيح الأنثى.

الآن نلقي نظرة على كيفية ظهور الاحتياجات الإنجابية المختلفة للذكور والإناث في أنماط التزاوج لدى الثدييات. هناك نمط شائع يشتمل على ذكر ألفا يتزاوج بشكل حصري مع مجموعة من الإناث. يتضح سبب ذلك إذا نظرنا إلى كيفية استفادة المشاركين في مثل هذا الترتيب. بالنسبة للذكر ، فإن التزاوج مع إناث متعدّدة يمنحه القدرة على إنجاب ذرية كثيرة ، وجميعهم سيحملون نصف جيناته. أما بالنسبة للإناث ، فإن هذا الوضع يتيح لهن الوصول إلى أفضل مادة وراثية ممكنة ، وهو أمر بالغ الأهمية.

لو أن أحد الأفراد من نسل ذلك الذكر لم يستطع أن يبقى حيًا حتى سن الرشد ، فماذا يخسر الذكر؟ بالنسبة للعديد من الثدييات ، الإجابة هي : فقط الحيوانات المنوية التي لقّح بها الأنثى. قارنْ هذا مع الأنثى التي تسمح لنفسها بالتخصيب من قِبل ذكر أقل شأنًا وراثيًا. كما ذكرنا سابقًا، تستهلك الإناث قدرًا هائلًا من الطاقة لضمان بقاء نسلها. إن فقدان هذا النسل بسبب جينات الذكر الأدنى هو كارثة إنجابية ، نظرًا للعدد المحدود من المحاولات المستقبلية التي سيتعين على الإناث استغلالها لتنشئة الصغار. هذا هو السبب الذي يجعل الإناث عمومًا أكثر انتقائية بكثير من الذكور عند اختيار شركائهن.[5]

\* \* \* \* \* \* \* \*

الأنماط الإنجابية التي نوقشت سابقًا لها أيضًا آثار على الرجال والنساء. كما هو الحال مع الذكور في العديد

من الأنواع الأخرى ، يمتلك الرجل كمية غير محدودة تقريبًا من الحيوانات المنوية التي يمكنه نظريًا استخدامها لتلقيح عدة نساء يوميًا طوال فترة حياته. لذلك ، يتم تعظيم اللياقة الإنجابية للرجل من خلال وجود أكبر عدد ممكن من الشريكات. من المثالي أيضًا أن يقدم أقل قدر ممكن من الالتزام والموارد ، لأن تقديم هذه الأشياء يعيق قدرته على جذب شريكات أخريات.

من ناحية أخرى ، لا تحصل المرأة على أي فائدة جوهرية من الاختلاط الجنسي. سواء كانت المرأة تضاجع رجلًا واحدًا أو مائة رجل ، فإنها لا تزال تتعرض للحمل بنفس العدد من المرات. كما هو الحال مع الإناث في العديد من الأنواع الأخرى ، ينبغي على المرأة أن تكون انتقائية عند اختيار شريكها ، بالنظر إلى الاستثمار الهائل من الوقت والطاقة الذي يجب عليها بذله لتربية الطفل.

الجينات الجيدة ليست الشيء الوحيد الذي تريده المرأة من الرجل. في العديد من الأنواع ، تكون الأنثى هي المعيل الوحيد لنسلها. على الرغم من أن الأنثى البشرية كثيرًا ما تكون قادرة على تربية الطفل بمفردها ، إلا أن مَهمتها تصبح أسهل إذا تعاون الأب أيضًا. علاوة على ذلك ، عندما نعتبر أن البشر قد قضوا النسبة الكبرى من تاريخهم في تجمعات اعتمدت على الصيد والجمع ،[6] غالبًا في ظل ظروف قاسية ، فنرى أن مساعدة الرجل كانت عادةً أكثر أهمية لبقاء الأطفال على قيد الحياة مما هي عليه اليوم. كان من المرجح أن تجد المرأة صعوبة في التعامل

مع الحمل وإعالة نفسها وأطفالها دون مساعدة شريكها. لذلك ، فإن العثور على رجل لديه الوسائل والرغبة في إعالة أسرته يُعد أيضًا عنصرًا رئيسيًا في سعي المرأة لتحقيق أقصى قدر من لياقتها الإنجابية.

يؤدي فهم الأهداف الإنجابية للرجال والنساء إلى إدراك أن الصراع ينشأ بالضرورة من تعاملهم بعضهم ببعض. يتم تحقيق النموذج الأمثل للرجل من خلال الاختلاط الجنسي وتقديم أقل قدر ممكن من الموارد. تتحقق أهداف المرأة من خلال وجود علاقة طويلة الأمد يشارك فيها الرجل كل ما لديه معها ومع أطفالها. لذلك ، يمكننا أن نتوقع أن تتضمن السلوكيات الإنجابية البشرية نوعًا من التسوية بين البرنامجَين المختلفين.[7]

* * * * * * * *

لمؤسسة الزواج دور مركزي في المجتمع البشري. كل ثقافة معروفة على هذا الكوكب لها شكل ما من أشكال الزواج.[8] من السمات المميزة للإسلام موقفه الذي لا هوادة فيه بأن الجنس لا يتم إلا في حدود رباط معترف به قانونيًا مثل الزواج.* فيجب على المرء بشكل عام ، قبل

* ومع ذلك ، من المهم أن نلاحظ هنا أن الإسلام يسمح للرجال بممارسة الجنس مع الجواري. سوف نتناول موضوع العبودية بمزيد من التفصيل لاحقًا في هذا الكتاب.

ممارسة الجنس ، تَحمّل العديد من الالتزامات التي تأتي مع الزواج. كما يدعو الإسلام إلى فرض عقوبات صارمة على الأشخاص الذين يُقبَض عليهم وهم يمارسون علاقات جنسية غير مشروعة.* تدل شدة هذه العقوبات على اهتمام الإسلام بتقليل العلاقات غير الملتزمة.

من المثير للانتباه ملاحظة من يستفيد بالنسبة للإنجاب عندما يحظر المجتمع العلاقات الجنسية غير الملتزمة. على الرغم من أن الاختلاط الجنسي يمكن أن يفيد أفرادًا من كلا الجنسين في مواقف معيّنة ، إلا أنه يمكن إجراء بعض التعميمات. كما رأينا سابقًا ، يتم تعظيم اللياقة الإنجابية

---

* يرى جمهور فقهاء المسلمين أن عقاب الزنا هو إما أن يجلد الشخص مائة جلدة أو يرجم حتى الموت (حسبما إذا كان الزاني أعزب أو متزوج). أقليّة من الفقهاء تعتقد أن عقوبة الزنا هي الجلد بغض النظر عن الحالة الزوجية للفرد ، لأن عقوبة الرجم لم تذكر في القرآن ، ولكنها تعتمد على وجود حديث الآحاد (انظر الفصل ٣). تجدر الإشارة إلى أن الفقهاء قد اشترطوا أن يشاهد أربعة أشخاص مستقيمين عملية الإيلاج قبل أن يتم تطبيق أي عقوبة ، وأن الشخص الذي يتهم شخصًا آخر بالزنا ولكنه لا يستطيع تقديم الدليل اللازم يمكن أن يتم جلده على جريمة القذف. اختلف الفقهاء أيضًا في مجموعة متنوعة من المسائل الأخرى المتعلقة بعقوبة الزنا ، بما في ذلك ما يلي : هل يمكن استخدام حمل المرأة العازبة كدليل قاطع على الزنا ، هل يمكن أن تكون التوبة بديلًا عن العقاب ، وهل يجب تطبيق مثل هذه العقوبات في مجتمعات متراخية أخلاقيًا. لنظرة عامة ممتازة عن هذا الموضوع ، انظر
Kamali (1998).

للرجل من خلال التزاوج مع أكبر عدد ممكن من النساء وتقديم أقل قدر ممكن من الموارد. لذلك ، فإن منع الرجال من ممارسة الجنس مع تقديم التزام ضئيل أو معدوم يُعدّ مضرًّا لهم. علاوة على ذلك ، فإن إجبار الرجال على الالتزام بشريكاتهم ورعاية أي طفل ينتج عن علاقاتهم ، يدعم المثالية الإنجابية للمرأة.

لذلك ، يبدو أن بعض جوانب الإسلام تفيد الاحتياجات الإنجابية للمرأة على حساب الرجل. ومع ذلك ، على الرغم من أن الإسلام يحرّم على الرجال فرصة التزاوج دون التزام ، إلا أنه يعطي بعض الرُخص للمزايا التي يحصل عليها الرجال من خلال وجود أكبر عدد ممكن من الشريكات. لعل أفضل طريقة لفهم السماح بتعدد الزوجات في الإسلام هي من خلال هذا الإطار.

\* \* \* \* \* \* \* \*

من الطبيعي أن نفترض أن تعدد الزوجات هو امتياز لاحتياجات الرجال الإنجابية وله تأثير ضار على النساء، ولكن التحليل الدقيق يكشف أن هذا الافتراض مفرط في التبسيط. افترضْ وجود قرية فيها عشرة رجال وعشر نساء مستعدين للزواج. علاوة على ذلك ، افترض أنه يمكن تصنيف كل شخص بشكل موضوعي من حيث مدى جاذبيته. في مجتمع يُمارَس فيه الزواج الأحادي ، نتوقع أن يتزوج الرجل الأكثر جاذبية من المرأة الأكثر جاذبية. يتزوج الرجل الثاني الأكثر جاذبية من المرأة الثانية

الأكثر جاذبية وهكذا ، وينتهي هذا الأمر في زواج الرجل الأقل جاذبية من المرأة الأقل جاذبية.

لنفترض الآن أن الشكل الإسلامي لتعدد الزوجات قد تم إدخاله في هذه القرية. افترض أن الرجل المرغوب بشكل أكبر هو الرجل الأكثر رجولة الذي رأتْه القرية أبدًا. إنه أنيق للغاية ، وسيم جدًا ، وثري بشكل لا يُصدَّق. الرجل رقم ٢ رجل مرغوب فيه أيضًا ، ولكن لا يمكن مقارنته مع الرجل رقم ١. مرة أخرى ، نتوقع أن تتزوج المرأة رقم ١ من الرجل رقم ١. ولكن الآن ، فإن المرأة رقم ٢ لديها خياران. يمكنها اختيار احتكار الرجل رقم ٢ أو مشاركة الرجل رقم ١. لنفترض أنها ، بعد تأمّل متأني، ترى أن مشاركة الرجل رقم ١ في مصلحتها، وأن المرأة رقم ٣ و ٤ اتخذتا نفس القرار. سيكون افتراضنا الأخير أن بقية الزيجات تتم بطريقة أحادية الزواج.

فمن استفاد بإدخال تعدد الزوجات في القرية؟ بالنظر إلى الرجال ، نرى أن الرجل رقم ١ يستفيد بوضوح من تعدد الزوجات. مع الزواج الأحادي ، لم يُسمَح له إلا بزوجة واحدة. الآن لديه أربعة ، مما يؤدي (نظريًا) إلى مضاعفة لياقته الإنجابية. لسوء الحظ ، لا يمكن قول الشيء نفسه عن زملائه الذكور. الرجل رقم ٢ ، الذي تزوج سابقًا من المرأة رقم ٢ ، عليه الآن أن يستقر على المرأة رقم ٥. نفس الشيء يحدث للرجال من رقم ٣ إلى رقم ٧. أما بالنسبة للرجال من رقم ٨ إلى رقم ١٠ ، فلم تبْق لهم زوجات على الإطلاق.

أما بالنسبة للنساء ، فقد تضررت المرأة رقم ١ من تعدد الزوجات. كانت تحتكر الرجل رقم ١ ، ولكنها الآن مجبرة على مشاركته مع ثلاث نساء أخريات. على افتراض أن النساء من رقم ٢ إلى رقم ٤ عقلانيات وذكيات، فقد استفدن من تعدد الزوجات. لقد أتيحتْ لهن الفرصة للزواج من الرجل رقم ٢ ، ولكنهن اخترن مشاركة الرجل رقم ١. لذلك قد يُفترَض أن هذا الاختيار هو لمصلحتهن. أما بالنسبة للنساء من رقم ٥ إلى رقم ١٠ ، فقد استفدن جميعًا *بشكل واضح* ، حيث تمكنت كل منهن من الزواج من رجل أكثر جاذبية.

خلاصة آثار تعدد الزوجات في قريتنا الخيالية هي كالتالي : استفاد رجل واحد فقط ، بينما تضرّر تسعة رجال. ثلاثة من الرجال ليس لديهم شريكة! بالمقابل ، تضررت امرأة واحدة فقط من تعدد الزوجات ، واستفادت تسع نساء. وعلى الرغم من أنه يمكن أن نشعر بالشفقة تجاه المرأة رقم ١ ، من المهم ملاحظة أن مركزها قد انخفض فقط إلى المستوى الذي كانت تعتبره النساء من المرتبة الثانية إلى الرابعة خيارهنّ الأفضل. في النهاية ، لا يزال وضعها مساويًا أو أحسن من وضع أي امرأة في القرية.

من الواضح أن المجتمع الفعلي مختلف تمامًا عن قريتنا الخيالية ، وأن التمرين السابق كان مليئًا بافتراضات غير واقعية. ومع ذلك ، يمكن استنتاج بعض التعميمات من هذه القرية الافتراضية. أولها أنه من المتوقع أن عدد

الرجال المتضررين من تعدد الزوجات سيكون أكبر من عدد المستفيدين منه. يجب على الرجال الذين هم أقل جاذبية من الرجال القادرين على جذب أكثر من زوجة واحدة أن يرضوا بالنساء الأقل جاذبية ، أو أن ينتظروا لفترة أطول حتى تتوفر نساء جديدات ، أو لا تتاح لهم الفرصة للزواج على الإطلاق.

على العكس من ذلك ، من المتوقع أن عدد النساء المستفيدات من تعدد الزوجات سيكون أكبر من عدد المتضررات منه. من المتوقع أن يكون توسيع مجال اختيار المرأة للشركاء المحتملين لمصلحتها. إذا كان من مصلحتها الزواج من شخص أعزب ، يمكنها فعل ذلك. إذا كانت مصالحها تتحقق بشكل أفضل من خلال مشاركة الرجل ، يمكنها فعل ذلك. لا يقتصر أمر تعدد الزوجات على منح الإناث الأقل جاذبية القدرةَ على الزواج من رجال لم يكن في قدرتهن الوصول إليهم في مجتمع أحادي الزواج ، بل تستفيد النساء الباقيات لأنهن الآن يتمتعن بإمكانية الوصول إلى عدد أكبر من الرجال الأكثر جاذبية الذين كانت ستأخذهم النساء اللواتي هنّ الآن في زيجات متعددة الزوجات. وعلى الرغم من صحة أن إضافة زوجة جديدة تضر الزوجة السابقة ، إلا أنه من المرجح أن تظل الزوجة السابقة في وضع جيد. إذا كانت حالة الزواج الناتجة لا تطاق ، فمن المرجح ألا توافق الزوجة الجديدة على طلب الزواج في المقام الأول.

ينبغي أن يكون واضحًا الآن أن الافتراض السائد بأن

تعدد الزوجات يفيد الرجال ويضر النساء لا ينطبق إلا
على أكثر الأعضاء جاذبية من كل جنس. لتحليل مؤسسة
الزواج بشكل صحيح ، لا يكفي النظر فقط إلى الاحتياجات
الإنجابية للرجال مقابل النساء. يحدث تمييز مهم بنفس
القدر ضمن الجنسين. ما ينفع الرجال الأكثر جاذبية يضر
الرجال الأقل جاذبية ، وكذلك بالنسبة للنساء.[9] الحكمة
التقليدية تزعم أن الإسلام يحصر الرجل بأربع زوجات
حفاظًا على المرأة من الإهمال. ربما هذا هو الحال. ومع
ذلك ، يبدو أن الأشخاص الذين يستفيدون بشكل أكبر من
تقليل وجود تعدد الزوجات هم الرجال الأقل جاذبية. يزيد
تعدد الزوجات غير المقيَّد من احتمالية حدوث موقف
يصبح فيه من المستحيل حتى على الرجل العادي أن يجد
زوجة. قد يكون وجود العديد من الرجال غير القادرين
على العثور على شريكة قوةً مزعزعة لاستقرار المجتمع،
وقد يكون من المهم أن تعمل مؤسسة الزواج لضمان عدم
حدوث هذا النوع من المواقف.[10]

\* \* \* \* \* \* \* \*

من الناحية النظرية ، يوفر تعدد الزوجات للمجتمع
مجموعة متنوعة من المزايا التي لا يوفرها الزواج
الأحادي. تتعلق إحدى هذه المزايا بتجميعة الجينات
للمجتمع. على سبيل المثال ، عندما يعرض برنامج
تلفزيوني عن الطبيعة نوعًا يتزاوج فيه ذكر ألفا مع العديد
من الإناث ، غالبًا ما يشير الراوي إلى أن هذا الترتيب
يساعد في ضمان حصول الجيل التالي على أفضل

الجينات الممكنة ، وهذا يلعب دورًا مهمًا في قدرة ذلك النوع على الازدهار. إن تطبيق هذا النوع من المنطق على البشر أمر مقلق للغاية لمعظم الناس. هذه المشاعر ليست بلا أساس، حيث تم استخدام الادعاءات بالدونية الجينية كمبرر للتعقيم القسري وحتى الإبادة الجماعية.[11] ومع ذلك ، من الصعب التهرّب من الاستنتاج القائل بأن الوضع الذي يواجه فيه الرجال الأقل لياقة صعوبة في العثور على شريكة قد يكون في المصلحة العامة للمجتمع.

قد يحقق تعدد الزوجات فائدة اقتصادية للمجتمع أيضًا. يوجد في كل مجتمع تقريبًا نسبة ملحوظة من الأشخاص الذين يعيشون في فقر. تقليل الفقر يمثّل مشكلة صعبة جدًا لأي مجتمع ، بغض النظر عن مستوى الثروة الإجمالية فيه. ينبع جزء من هذه الصعوبة من الفائدة المحدودة للغاية التي يحصل عليها الأغنياء من مساعدة أشخاص لن يكونوا قادرين على تقديم أي شيء في المقابل.

في جميع أنحاء العالم ، الفقر بلاء يعاني منه النساء والأطفال بشكل غير متناسب ،[12] مع بقاء الثروة في الغالب تحت سيطرة الرجال. وتجدر الإشارة أيضًا إلى أن المجتمع الذي تتركز غالبية ثروته في أيدي أقلية صغيرة هو عرضة لاضطراب كبير ؛ لقد كانت التوترات بين من يملكون ومن لا يملكون - بشكل دائم - مصدرًا للنزاع الأهلي والثورات عِبر التاريخ.

يُمكِّن تعدد الزوجات المجتمعَ من الاستفادة من رغبة

الرجل في تعظيم لياقته الإنجابية لتحقيق توزيع أكثر توازنًا للثروة. على سبيل المثال ، يمكن للرجل الذي يكسب خمسمائة ألف دولار في السنة أن يوفر ماديًا لعشر نساء ضعف ما يمكن للرجل الذي يكسب خمسة وعشرين ألف دولار في السنة أن يوفره لامرأة واحدة. تمتلك نسبة صغيرة من الرجال ملايين بل مليارات الدولارات ، مما يُمكّنهم من التوفير لآلاف النساء أكثر مما يمكن للرجل العادي أن يوفره لواحدة. في مجتمع متعدد الزوجات ، يكون بإمكان المزيد من النساء الوصول إلى هذه الثروة إذا أردنَ ذلك. [13]

بالنسبة للمرأة التي تعيش في الفقر المدقع الذي يوجد في أجزاء كثيرة من العالم ، فإن فرصة الهروب من نمط الحياة هذا ـ وضمان مستقبل أكثر إشراقًا لأطفالها ، وحتى مساعدة أفراد آخرين من عائلتها ـ قد تجعل مشاركة رجل ثري مع امرأة أخرى ثمنًا تافهًا دفعُه. حتى النساء اللاتي يخترن عدم الدخول في حالة تعدد الزوجات يستفدن من قيام نساء أخريات بذلك ، حيث سيظل عدد أكبر من الرجال العازبين الأغنياء متاحين نتيجةً لذلك. علاوة على ذلك ، يستفيد الوضع الاقتصادي لأطفال المجتمع أيضًا من تعدد الزوجات ، حيث ستنشأ نسبة أكبر من الأطفال في أسر أكثر ثروة. على المدى الطويل ، سيرث عدد أكبر من الورثة ممتلكات الرجل الثري ، وقد يساهم ذلك في توزيع أكثر مساواة لثروة المجتمع.

\* \* \* \* \* \* \* \*

ناقشنا سابقًا كيف أن الرجال والنساء لديهم مُثل إنجابية مختلفة : تتحقق مُثل النساء بشكل عام عندما يقدم الرجال مستوى عالٍ من الالتزام ، بينما يستفيد الرجال عمومًا من خلال تقديم أقل قدر ممكن من الالتزام. من الواضح أن هذا الموقف يؤدي إلى التضارب في المصالح، حيث يتم مثال أحد الجنسين على حساب الآخر. في النهاية، سيكون مستوى الالتزام الذي يقدمه الرجال حلًا وسطًا بين الجنسين.

يصبح السؤال بعد ذلك : «ما هو الجنس الذي يجب أن يقوم بأكبر قدر من التنازلات؟» تعتمد إجابة هذا السؤال على مجموعة متنوعة من العوامل ، وسنقوم بتحليل هذا الموضوع بالتفصيل لاحقًا. في الوقت الحالي ، سنركز على *النسبة الجنسية* ، وهي وفرة أو نقص الرجال المؤهلين مقارنةً بالنساء المؤهلات.[14] مثل قوانين العرض والطلب، أظهرت الأبحاث ما يلي :

> يتحول الرجال إلى اللقاءات القصيرة حين يكون العديد من النساء متوفرات جنسيًّا ، لأن النسبة الجنسية تكون في صالحهم ، ويكونون بالتالي أقدر على إشباع رغباتهم في التنوع. في قبائل الآش ،* على سبيل المثال ، يبدو الرجال أنهم

---

* الآش هم شعب في باراغواي عاشوا في الغالب كصيادين وجامعين حتى سبعينيات القرن الماضي. انظر
Hill and Hurtado (1989).

إباحيون بشكل كبير لأنه يوجد ٥٠ في المئة زيادة في عدد النساء على عدد الرجال. وعلى العكس من ذلك ، حين يكون هناك فائض من الرجال ، يبدو أن كلا الجنسين يتحولان إلى استراتيجية اقتران طويلة المدى تتميّز بزيجات مستقرة ، وحالات طلاق أقل.*

إذا تبنّينا وجهة النظر أن الزيجات المستقرة وتقليل الطلاق يعودان بالنفع على المجتمع ، فيبدو أن المجتمع يحقق أفضل النتائج عندما يكون الرجال هم من يستسلمون للمُثل الإنجابية للنساء. ويبدو أن هذا هو الموقف الإسلامي، بتأكيده على ضرورة حدوث العلاقات في حدود الزواج.**

بالعودة إلى مسألة النسبة الجنسية ، يبدو أن المجتمع بشكل عام - والنساء بشكل خاص - يستفيدون عندما تكون النساء نادرات نسبيًا ، مما يجبر الرجال على تلبية المُثل الإنجابية للنساء لتحقيق أفضل فائدة من ذلك الوضع الإنجابي السيء لهم. المساعدة في الحفاظ على ندرة النساء ، حتى في الحالات التي يفوق فيها عدد النساء عددَ الرجال برقم كبير ، قد تكون من الفوائد الأخرى لتعدد الزوجات. في المجتمعات التي يوجد فيها تعدد الزوجات ، تظل عمومًا الغالبية العظمى من الزيجات أحادية الزواج، حيث أن نسبة صغيرة فقط من الرجال قادرة على جذب

---

* دافيد باس ، *علم النفس التطوري : العلم الجديد للعقل* ، ٣٩٢ - ٣٩٣.

** انظر الحاشية في الصفحة ١٩.

أكثر من زوجة واحدة.[15] ومع ذلك ، بافتراض وجود نسبة متساوية بين أعداد الذكور والإناث ، فإن نسبة صغيرة من الزيجات المتعددة تؤدي إلى خلق حالة حيث لا يتوفر عدد كاف من النساء لجميع الرجال الذين يبحثون عن شريكة. من المفروض أن تشجِّع هذه الندرة المصطنعة على تحقيق مستوى عالٍ من الالتزام في علاقات المجتمع.

لا تقتصر الفائدة التي تحصل عليها المرأة من كونها كيانًا نادرًا على وجود المزيد من العزاب المؤهلين للاختيار أو وجود احتمال أكبر بأن يقدم الرجال مستوى عالٍ من الالتزام. يمكن أن تكون العواقب السلبية التي تتعرض لها النساء -في المواقف التي لا يكنّ فيها نادرات- شديدة. على سبيل المثال ، عادة ما تضطر العائلات إلى دفع مهور كبيرة لتزويج بناتهم في المجتمعات التي تفرض الزواج الأحادي بصرامة. خاصة في المجتمعات التي تعاني من الكثير من الفقر ، يصبح الكيان الإنجابي النادرُ الرجالَ القادرين على توفير حياة لائقة ماليًا.

> يُنظَر إلى المهر على أنه نوع من المنافسة بين الإناث للحصول على شركاء ذوي جودة عالية ، ويتوقع (جولين وبوستر) أن المهر سيكون موجودًا أينما تصبح هذه المنافسة أكثر حدّة. ولكن ما هي الظروف التي تؤدي إلى مثل هذه المنافسة الشديدة؟
>
> عندما تختلف الموارد التي يمتلكها الذكور اختلافًا كبيرًا من حيث الجودة ، يُفضَّل تعدد الزوجات عادةً ؛ ومع ذلك ، فإن تعدد الزوجات

نفسه يعمل على التخفيف من هذه الاختلافات لأن الذكور الأغنياء يضطرون إلى تقاسم مواردهم بين المزيد من الزوجات. لذلك ، ينبغي أن تكون المنافسة أكثر شدة بين النساء على الرجال المرغوب فيهم في المجتمعات التي هي طبقية للغاية وأحادية الزواج بشكل صارم.

كما هو متوقع ، يُظهِر التحليل متعدد الثقافات (لجولين وبوستر) أن تزامن التقسيم الطبقي مع الزواج الأحادي المفروض اجتماعيًا هو أفضل تنبؤ بضرورة دفع المهر ، على الرغم من وجود المهر أيضًا في الطبقات العليا لبعض المجتمعات ذات الطبقية البارزة والزيجات المتعددة.[16]

الهند مثال رئيسي عن مجتمع طبقي وأحادي الزواج حيث يتعين على العديد من العائلات أن تتحمل عبئًا ماليًا هائلًا من أجل تمكين الابنة من الزواج.* هذا الوضع هو عامل مساهم في التفضيل العام للأطفال الذكور على البنات. التحيّز ضد البنات بين مجموعات معيّنة لدرجة أن نسبة أقل من الفتيات يصلن إلى سنّ الرشد بسبب

* غالبًا ما تكون مدفوعات المهور في المناطق الريفية في الهند أكثر من ٥٠ في المائة من ممتلكات الأسرة. انظر
Low (2005).

الإجهاض الانتقائي ، والإهمال ، وحتى وأد الإناث.*

* * * * * * * *

يسمح الإسلام بالتأكيد بتعدد الزوجات. ويبدو أن تعدد الزوجات يقدم للمجتمع بعض الفوائد التي لا يقدمها الزواج الأحادي. لكن هل يعني هذا أن الإسلام يشجّع تعدد الزوجات بالفعل؟ على الرغم من أن الإجابة قد تكون مفاجئة للكثيرين ، يبدو أن الإجابة هي «لا». لم يُدخِل الإسلام تعدد الزوجات في مجتمع أحادي الزواج. بل على العكس من ذلك ، ظهر الإسلام في مجتمع لم يضع حدًا لعدد الزوجات اللواتي يمكن للرجل أن يتزوجهن ، وحدد العدد الأقصى إلى أربعة.** علاوة على ذلك ، يؤكد القرآن وأحاديث الرسول أنه - على الرغم من أنه أمر شبه مستحيل - يجب على الرجل أن يعامل جميع زوجاته بالتساوي ، وإن لم يفعل ذلك فسيعرّض نفسَه للعقاب في

---

* هذه المشكلة تكون أكثر شدة في شمال الهند ، حيث تكون مدفوعات المهور أكثر تكلفة بشكل عام. انظر
Sudha and Rajan (1999).
النساء اللواتي يعتقد أزواجُهن أنهم مُنِحوا مهورًا غير كافية ، يكنّ أكثر عرضة للإساءة الجسدية. انظر
Rao (1997).

** فقد رُوي أنه لما أسلم رجل له عشر زوجات وأتى إلى الرسول ، أخبره أنه لا يمكن أن يتزوج إلا بأربع زوجات وأمره بتطليق البقية. الترمذي ، *سنن الترمذي* ، ٣٠٣-٣٠٤.

الآخرة.* لهذا السبب يوصي علماء الإسلام عمومًا بأن تكون للرجل زوجة واحدة فقط ، ما لم تقتضي الضرورة غير ذلك.**

لنفترض - جدلًا - أن الإسلام ، مثل الحضارة الغربية، ينظر إلى الزواج الأحادي على أنه مثالي. فكيف إذن يفسر المرء حقيقة أن الإسلام يسمح بتعدد الزوجات؟ توجد عدة مبررات معقولة. ببساطة ، قد يسمح الإسلام بتعدد الزوجات لأن البشر نوع متعدد الزوجات. أكثر من ٩٧ في المائة من الثدييات - طائفة الأنواع التي ينتمي إليها البشر - هي متعددة الزوجات.[17]***

علاوة على ذلك ، فقد تبين أيضًا أن درجة تعدد الزوجات في معظم أنواع الثدييات مرتبطة باختلاف الحجم بين الذكور والإناث (*مثنوية الشكل الجنسية*). على سبيل المثال ، ذكور وإناث الجبون ذوي اليد البيضاء - وهي أحادية الزوجة - متساوية تقريبًا في الحجم. من ناحية أخرى ، فإن فقمة الفيل الجنوبية متعددة الزوجات

---

* القرآن ، ٤: ٣ ، ٤: ١٢٩. السجستاني ، *سنن أبي داود* ، ٣٦١.

** القرضاوي ، *مركز المرأة في الحياة الإسلامية* ، ١١٨-١١٩.

*** ما يقرب من ٨٢ في المائة من الرئيسيات ، رتبة الأنواع التي تشتمل على البشر والحيوانات مثل القرود ، هي متعددة الزوجات.
Hrdy, S., *The Woman That Never Evolved*, 36.

بشكل كبير ، حيث يترأس الذكور الناجحون حريمًا يصل إلى مائة أنثى. الذكر في هذا النوع ضخم الجسد ، ويزن ما يقرب من ثمانية أضعاف وزن الأنثى. السبب في أن الذكور أكبر من الإناث في الأنواع متعددة الزوجات هو أن الحجم الكبير يساعد الذكور على التنافس مع الذكور الآخرين للحصول على فرص تزاوج نادرة. الرجال أكبر بنسبة ٥ إلى ١٢ في المائة من النساء فيما يتعلق بالطول، مما يشير إلى أن البشر من الأنواع «متعددة الزوجات بشكل خفيف». [18]

يروي السجل الأنثروبولوجي حكاية مماثلة ؛ ٨٥ في المائة من جميع الثقافات المدروسة تسمح بتعدد الزوجات. [19] بدلًا من محاولة تعزيز تعدد الزوجات ، قد يكون سماح الإسلام بتعدد الزوجات تنازلًا منه للطبيعة البشرية واعترافًا بأن تعدد الزوجات من الممكن أن يمارَس في ظروف معيّنة.

سَن القوانين شيء ، واحتمالية اتباع الناس لتلك القوانين في الواقع شيء آخر تمامًا. بشكل عام ، عندما يجد الناس قانونًا أكثر تقييدًا ، يقل احتمال التزامهم به. فيما يتعلق بالقوانين التي تحكم الزواج ، يمكن التعبير عن هذه البديهية بالطريقة التالية : عندما زاد تقييد القانون للسلوك الإنجابي النافع ، قلّ احتمال التزام الناس به ، وزادت احتمالية محاولة الناس تجاهلَ القانون من أجل الحصول على احتياجاتهم الإنجابية.

من المهم أن ندرك الأسباب التي تجعل البشر يمارسون تعدد الزوجات. يحصل الرجال على فائدة متأصلة من كونهم في علاقة متعددة الزوجات ، حيث من المرجح أن يكون لدى الرجال الذين لديهم عدة زوجات عدد أكبر من الأطفال. ومع ذلك ، إذا رفضت النساء تحت أي ظرف من الظروف الانخراط في علاقة متعددة الزوجات ، فإن الفوائد النظرية التي يمكن أن يحصل عليها الرجال من تعدد الزوجات ستكون عبثًا.

لا تحصل المرأة على أي فائدة متأصلة من مشاركة الرجل مع امرأة أخرى. على العكس ، تعدد الزوجات له عيب متأصل لأنه يجبر المرأة على مشاركة موارد الرجل مع الأخريات. ومع ذلك ، قد يكون تعدد الزوجات الخيار الإنجابي الأفضل للمرأة إذا كان الرجل مرغوبًا فيه بدرجة كافية للتعويض عن كونه متزوجًا. في نهاية المطاف ، باستثناء الإكراه ، فإن الدرجة التي ترغب فيها النساء في الوصول إلى الرجال الأكثر جاذبية - وكذلك درجة استعدادهنّ لأن يكنّ في علاقة متعددة الزوجات من أجل هذا الهدف - هي التي تحدد مدى انتشار تعدد الزوجات في مجتمع ما.

* * * * * * * *

هناك عدة طرق يمكن من خلالها أن تَظهر دوافع تعدد الزوجات في المجتمعات التي تبدو في البداية أنها أحادية الزواج. أكثرها وضوحًا هي الزنا. قد يخون الرجل

زوجته لإشباع رغبته في نساء متعددات ، بينما قد توافق المرأة على أن تكون عشيقة من أجل إقامة علاقة مع رجل لا يمكنها الوصول إليه لولا ذلك.

التحايل على الزواج الأحادي يحدث بطريقة أكثر دقةً عندما يؤخر الناس الزواج أو يتخلّون عن الزواج تمامًا. يُطلَق على هذا الوضع (الحالي في معظم المجتمعات الغربية) اسم *الزواج الأحادي التسلسلي*.[20] على الرغم من أن ما يلي بديهي ، فقد أظهرت الأبحاث أن الرجال الذين تجدهم النساء مرغوبين ، يبدؤون بشكل عام بممارسة الجنس في سن أبكر ، وتكون لديهم شريكات بمرور الوقت أكثر من الرجال غير المرغوب فيهم.[21] ليس من غير المألوف أن يمارس العازب المؤهل الجنسَ مع عشرات النساء قبل أن يقرر الاستقرار والزواج في النهاية. حتى لو افترضنا بسذاجة أن هؤلاء العزاب كانوا أحاديي الزواج في كل وقت مع هؤلاء النساء ، فإن النتيجة لا تزال مشابهة لمجتمع متعدد الزوجات ، حيث يحصل الرجال الأكثر جاذبية على قدر متزايد من الوصول الجنسي إلى نساء المجتمع ، من حيث الكمية والجودة. مع الزواج الأحادي التسلسلي ، يحتفظ الرجال الأكثر جاذبية بالقدرة على إقامة علاقات مع عدة نساء، وتحصل العديد من النساء على إمكانية الوصول إلى الرجال الذين لم يكونوا متاحين لهن لو طالبنَهم بالالتزام أحادي الزواج على المدى الطويل.

\* \* \* \* \* \* \* \*

يكون الزواج الأحادي غير مؤهل بشكل خاص للتعامل مع نتائج الاختلاف في درجة تقليل العمر للجاذبية لدى النساء والرجال. على سبيل المثال ، أعطت إحدى المجلات في التسعينيات لقب الرجل والمرأة الأكثر جاذبية إلى باتريك ستيوارت (جان لوك بيكارد من ستار تريك : الجيل التالي) وسيندي كروفورد.* اختيار عارضة أزياء شهيرة لتكون المرأة الأكثر جاذبية ، يبدو أنه أمر بديهي. ولكن كيف يمكن اعتبار شخص أصلع في منتصف العمر أكثر الرجال جاذبية؟ تشكو العديد من النساء من ازدواجية المعايير التي يصبح فيها الرجال «متميزين» مع تقدمهم في السن ، بينما تصبح النساء عجوزات فقط. لماذا توجد هذه المعايير المزدوجة ؟

بالنسبة للنساء ، العلاقة بين العمر والخصوبة (وبالتالي الجاذبية) مباشرة للغاية. تصل النساء عادةً إلى ذروة الخصوبة في أوائل العشرينات من العمر ، [22] ويحافظن على هذه الخصوبة لمدة عقد أو نحو ذلك. في حوالي سن الثلاثين ، تبدأ النساء في مواجهة صعوبات أكبر في التخصيب والحمل. [23] كما ترتفع حوادث العيوب

_____

* أنا الآن غير قادر على تذكر المجلة التي منحت هذه الألقاب. لتوضيح آخر لهذه الظاهرة ، مجلة «بيبول» منحت الممثل شون كونري البالغ من العمر تسعة وخمسون عامًا ، لقب «الرجل الأكثر جاذبية على قيد الحياة» عام ١٩٨٩. وكان الفائز عام ٢٠٠٦ جورج كلوني ، البالغ من العمر خمسة وأربعون عامًا.

الصبغية بشكل ملحوظ مع تقدم عمر الأم.[24] وعندما تصل المرأة إلى سن اليأس ـ باستثناء قدرتها على رعاية أطفالها وأطفال أقربائها ـ فإن قيمتها الإنجابية تقترب من الصفر. لذلك لا ينبغي أن يكون مفاجئًا أن العمر هو عامل مهم جدًا في اختيار شريكة طويلة الأمد للرجال ،[25] الذين يجدون خصائص الشباب جذابة ، وتكون لديهم القدرة على اكتشاف التغيرات الطفيفة ـ في المرأة ـ التي تشير إلى تقدم العمر وانخفاض المنفعة الإنجابية. كما أنه ليس من المستغرب أن تبذل النساء جهودًا كبيرة لإخفاء أي علامة التقدم في السن ، وأن ينفقنَ مليارات الدولارات على تلوين الشعر، والمكياج ، وحتى الجراحة لتَجنّب مظاهر الشيخوخة.

بالنسبة للرجال ، العلاقة بين العمر والجاذبية أكثر تعقيدًا. من الواضح أن التدهور الجسدي والتعرض الزائد للمرض والموت الذي يحدث مع تقدم العمر يعملان على تقليل جاذبية الرجل. ومع ذلك ، يتحقق المثال الإنجابي للمرأة من خلال وجود رجل يقدم جينات وموارد ممتازة. أما بالنسبة للجانب الوراثي ، فالرجل قادر على إنجاب الأطفال حتى في سن الشيخوخة. بل إن الرجل الذي يتقدم في السن وهو لا يزال بصحة جيدة يقدم دليلًا واضحًا على طول عمره وحيويته.* يميل الرجال الأكبر سنًا أيضًا إلى

———————

* ومع ذلك ، فإن جودة الحيوانات المنوية عند الرجل تنخفض مع تقدم العمر ، وأطفال الرجال الأكبر سنًا هم أكثر عرضة لخطر الإصابة بمجموعة متنوعة من الاضطرابات الوراثية.
Fisch, H., *The Male Biological Clock*, 2-4.

امتلاك موارد أكثر من الرجال الأصغر سنًا لأنه كان لديهم المزيد من الوقت لتجميع الثروة. كما أنهم يميلون إلى أن يكونوا أكثر استعدادًا لتقديم التزامات طويلة الأجل للتعويض عن كبرهم في السن. لذلك ، على عكس النساء، من الممكن أن يظل الرجل مرغوبًا للغاية للنساء ـ حتى عندما يتقدم بالعمر.

فما علاقة كل هذا بتعدد الزوجات؟ ربما لحسن الحظ، فإن الجمع بين التقدم في السن والالتزامات المالية للزوجة الحالية والأطفال ، يجعل جذب امرأة أصغر سنًا مستحيلًا على غالبية الرجال الأكبر سنًا. ومع ذلك ، فإن أقلية من الرجال في منتصف العمر ، من خلال الحفاظ على أنفسهم جسديًا و/ أو تراكم الثروة والمكانة ، قد يبقون مرغوبين للنساء كما كانوا في شبابهم ، إن لم يكونوا أكثر من ذلك. علاوة على ذلك ، يجد العديد من هؤلاء الرجال أنفسَهم متزوجين من نساء في منتصف العمر ، اللواتي انخفضت منفعتهن الإنجابية وبالتالي جاذبيتهنّ بشكل كبير بسبب عمرهن.

عندما يجد الرجال المرغوب فيهم أنفسَهم في موقف لا يوفر لهم المزيد من الفوائد الإنجابية ، يكون الوضع غير ثابت لعدة أسباب. هؤلاء الرجال لديهم دافع بيولوجي قوي لمحاولة تحسين وضعهم الإنجابي. ومع ذلك ، فإن الخيارَين الوحيدين لمثل هذا التحسن في مجتمع أحادي الزواج هما الزنا والطلاق. من الواضح أن كلا الخيارين ضاران ـ ليس فقط للزوجة ولكن أيضًا لأي أطفال قد ينجبهم الزوجان معًا.

يعطي تعدّد الزوجات للرجال المرغوب فيهم الفرصةَ لتحسين أوضاعهم الإنجابية دون إيذاء زيجاتهم الحالية بشكل خطير. [26] الرجل الأكبر سنًا قادر على الزواج من زوجة أصغر سنًا وأكثر جاذبية. المرأة الجديدة تصل إلى رجل مرغوب فيه. وتحتفظ الزوجة الأولى بخيار البقاء مع زوجها. على الرغم من أن ظروفها ليست مثالية ، إلا أن تقدمها في السن وتناقص جاذبيتها يجعلان إمكانية جذب رجل آخر مماثل لزوجها صغيرة جدًا. في كثير من الحالات ، سيكون البقاء مع زوجها هو الخيار الأفضل للمرأة الأكبر سنًا ، وكذلك لأطفالها.

\* \* \* \* \* \* \* \*

في نهاية المطاف ، تعتمد صحة الحجج السابقة على أسباب وجود علاقات متعددة الزوجات. إذا لم يكن لدى البشر ميل متأصل نحو تعدد الزوجات ، وفقط أسسوا علاقاتهم على العادات الثقافية للمجتمعات التي يعيشون فيها ، وإذا افترض المرء أن الزواج الأحادي هو المثالي، فإن السماح بتعدد الزوجات يصبح عقبة أمام المثالية.

من ناحية أخرى ، إذا كانت العلاقات متعددة الزوجات ناتجة عن مزيج من الطبيعة البشرية وبعض الظروف المجتمعية التي تشجّع تعدد الزوجات ، فقد لا يكون السؤال المناسب هو : «كيف يمكن للمجتمع أن يقمع دوافع تعدد الزوجات؟» بل هو : «كيف ستُظهِر دوافع تعدد الزوجات

أنفسَها؟!» إن مؤسسة الزواج التي تسمح بتعدد الزوجات ، رغم أنها ليست مثالية ، تُكثِر احتمالية أن تحتفظ علاقات المجتمع بالمثالية المتمثلة في كونها طويلة الأمد. علاوة على ذلك ، فإن مؤسسة الزواج التي تسمح بتعدد الزوجات تُمكِّن إقامة علاقات متعددة الزواج دون (بالضرورة) إضعاف أو تدمير الزيجات الموجودة سابقًا.

\* \* \* \* \* \* \* \*

الإسلام يسمح بتعدد الزوجات ولكنه يحظر تعدد الأزواج ، ويبدو لكثير من الناس أن هذا معيار ازدواجي لا يمكن تبريره. يقدم فحص المسألة من منظور بيولوجي سببًا ممكنًا للارتياب في هذا الرأي. تعدد الأزواج نادر للغاية في الثقافات البشرية.[27]\* يرتبط السبب الرئيسي لهذه الندرة بمسألة *ثقة الأبوة*.

يواجه الرجال مشكلة إنجابية حرجة لا تقلق النساءُ بشأنها.عندما تحمل المرأة وتنجب طفلًا ، من البديهي أنها تعرف من هي أمّ هذا الطفل. لكن من هو الأب؟ لا يمكن للرجل أن يكون متأكدًا تمامًا. استثمار الوقت والموارد على طفل رجل آخر هو سعي بدون فائدة بالنسبة لوجهة النظر الإنجابية. لذلك ، فإن الحصول على درجة عالية

---

\* البشر هم الثدييات الوحيدة التي لوحظ أن لديها تعدد الأزواج.

Symons, D., *The Evolution of Human Sexuality*, 26.

من اليقين فيما يتعلق بأبوة الطفل هو أمر في غاية الأهمية بالنسبة للرجال الذين تربطهم بنسائهم علاقاتُ طويلة الأمد ويتعاونون في تنشئة أبنائهم.

يكون تعدد الأزواج غير مقبول - باستثناءات قليلة جدًا - للرجال لأنه يقدّم للرجال في مثل هذه العلاقات درجة منخفضة من ثقة الأبوة. علاوة على ذلك ، فإن تعدد الأزواج عمومًا لا يفيد النساء أيضًا. إن تعدد الأزواج لا يزيد من عدد الأطفال الذين يمكن للمرأة أن تنجبهم، والرجال الذين هم على دراية بشركائها الآخرين أقل عرضة للاستمرار في تقديم مواردهم لها ولأطفالها. تلعب القضايا المتعلقة بثقة الأبوة دورًا أساسيًا في تكوين المجتمعات البشرية ، وسنعود إلى هذا الموضوع مرارًا وتكرارًا طوال هذا الكتاب.

* * * * * * * *

في الختام ، التضارب في المصالح الذي ينشأ حتمًا بين الرجال والنساء ، والأفراد الأكثر جاذبية من الجنسين كليهما ونظرائهم الأقل جاذبية ، بين الأفراد والمجتمع ، والمثالية والواقع ، كل ذلك يضمن استحالة وجود مؤسسة زواج مثالية من الناحية الإنجابية لجميع الأطراف المَعْنية. كل نوع من أنواع الزواج له مجموعة فريدة من المزايا والعيوب ، ويمنح الأحزاب المختلفة درجات متفاوتة من المعاملة التفضيلية على حساب الآخرين.

على وجه الخصوص ، الزواج الأحادي الصارم وتعدد الزوجات غير المقيَّد يقدمان مجموعات مختلفة من الفوائد الإنجابية ، لكنهما يؤديان أيضًا إلى مجموعات مختلفة من الأضرار. وبالتالي ، يمكن اعتبار الحجة القائلة بأن سماح الإسلام بشكل مقيّد من تعدد الزوجات يمثّل حلًا وسطًا بين هذين النقيضين في محاولة للحصول - بمرونة - على الفوائد الموجودة في كلا النظامين مع تجنّب مظاهر أضرارهما الأكثر ضخامة.

بدأنا مناقشتنا بالإشارة إلى أن السماح في الإسلام بتعدد الزوجات قد اعتُبر دليلًا لا جدال فيه على كراهية النساء المتأصلة فيه. ومع ذلك ، يبدو أن تحليل هذه المشكلة من منظور بيولوجي يشير إلى أن هذا الافتراض متسرع للغاية. يمكن تقديم الحجة القائلة بأن تعدد الزوجات يساعد النساء أكثر مما يضرهن ، وأنه من خلال منح النساء إمكانية الوصول إلى شركاء أكثر جاذبية ، وخلق موقف يكون فيه الرجال أكثر عرضة لتقديم التزامات طويلة الأجل ، قد يعمل بنشاط على تشجيع المثالية الإنجابية الأنثوية.

# الفصل الثاني
# المناخ الإنجابي

تكون المواقف والسلوكيات المتعلقة بالتكاثر في المجتمعات المختلفة متنوعة بشكل مذهل. على سبيل المثال ، من المرجح أن تختلف الطريقة التي يتبعها الفرد للعثور على شريك في لوس أنجلوس بشكل كبير عن نفس العملية في الرياض. علاوة على ذلك ، فإن المجتمعات ليست كيانات ثابتة. يمكن أن تحدث التغييرات العميقة في العادات الجنسية للمجتمع في فترة زمنية قصيرة نسبيًا ، كما يتضح من حالة الولايات المتحدة خلال القرن الماضي. شرْح هذا التنوع وتحديد العوامل المسؤولة عن تغيير الأساليب المستخدَمة لتعظيم اللياقة الإنجابية في مجتمع معيّن هو موضوعنا التالي.

* * * * * * * *

في معظم الثدييات ، يكون التزاوج حدثًا قصيرًا ، مع القليل من إظهار العاطفة بين الزوجين المتزاوجين. يتصاعد الذكر وينقل نطافه إلى الأنثى ، ويمضي قدمًا. من ناحية أخرى ، يقوم العديد من أنواع الطيور بمغازلة طويلة ، يبدو أنها تنطوي على مظاهر حقيقية من العاطفة. يشهد مصطلح *طيور الحب* الذي يُستخدَم للإشارة إلى زوجين بشريين عاطفيين على هذه الظاهرة. كثيرًا ما تُشكّل الأزواج في بعض الأنواع روابط أحادية الزواج تدوم مدى الحياة![28] لماذا توجد روابط عاطفية طويلة الأمد بين الأزواج في بعض الأنواع وتغيب في أنواع أخرى؟

العامل الحاسم لوجود العاطفة بين الأزواج في الحيوانات هو ما إذا كان الوالدان بحاجة إلى العمل معًا من أجل تربية صغارهما حتى النضج.[29] على سبيل المثال، تقوم أنثى النمور بتربية أشبالها بنفسها ، حيث يلعب الذكر دورًا ضئيلًا أو معدومًا.[30] ليس من المستغرب أن التزاوج بين النمور لا يمكن وصفه بأنه عاطفي ، بل له دلالات على الافتراس تقريبًا.

في المقابل ، يجب أن تعمل أزواج طيور (القطرس الجوال) جنبًا إلى جنب من أجل تربية صغارها. لا يحتاج الفرخ إلى الطعام فحسب ، بل يحتاج في البداية إلى الحراسة في جميع الأوقات. من الواضح أنه من المستحيل على طائر واحد أن يبحث عن الطعام ويحرس الفرخ في نفس الوقت. لذلك ، يتشارك كلا الوالدين بشكل مباشر ،

ويتناوبان على حراسة الفرخ والطيران بعيدًا للعثور على الطعام. من الضروري وجود رابطة قوية بين الزوجين ليبقى الفرخ على قيد الحياة.[31] الوسيلة البيولوجية التي يتم من خلالها إنشاء هذه الرابطة هي المغازلة الطويلة [32] ووجود العاطفة بين الزوجين. هذا يضمن المستوى الضروري من الالتزام لتمرير الجينات.

* * * * * * * *

فما هو نوع الإستراتيجية اللازمة لتربية الأطفال؟ هل نحن مثل النمور أم طيور القطرس؟ مثل النمور ، عادة ما تلعب المرأة دورًا أكبر في تربية أطفالها ، وهي قادرة على تربيتهم بنفسها. ومع ذلك ، عادة ما يساعد الآباء في تربية أطفالهم ، ومشاركتهم أحيانًا لازمة لبقاء الأطفال على قيد الحياة. يمكن القول بأن البشر يشغلون الطيف الكامل بين النمور وطيور القطرس فيما يتعلق بالاستثمار الأبوي في أطفالهم. في بعض الأحيان ، لا يلعب الآباء أي دور على الإطلاق (مثل النمور) ، وأحيانًا يلعبون دورًا حيويًا لبقاء أطفالهم (مثل طيور القطرس) ، وفي أوقات أخرى ، يلعبون أدوارًا مهمة ولكن غير أساسية (ما بين النمور وطيور القطرس).

العلاقة العاطفية طويلة الأمد ذات أهمية قصوى بالنسبة للمُثل الإنجابية الأنثوية. كما ذكرنا سابقًا ، لا يقدم الرجل المثالي للمرأة جينات جيدة فحسب ، بل يوفر أيضًا الموارد اللازمة لرعايتها ورعاية أطفالها. من الواضح

أن تربية المرأة للأطفال بمفردها أكثر صعوبة ـ وخاصة قبل العصر الحديث ـ حيث كان من المتوقع أن تؤثر سلبًا على احتمالية بقاء الأطفال على قيد الحياة. لذلك ، فإن الفكرة السائدة بأن النساء بشكل عام يهتممنَ اهتمامًا بالغًا بالحب والرومانسية أمر متوقع ، لأن وجود هذه العناصر يشير إلى وجود علاقة قوية بين الزوجين.

الحب له فائدة إنجابية للرجال أيضًا. إذا كان الرجل يعيش في بيئة من غير المحتمل أن تتمكن فيها المرأة من تربية طفل بمفردها ، فمن المنطقي أن يلتزم بها ويساعدها على تربية أطفالها. علاوة على ذلك ، إذا كان الرجل يعيش في مجتمع تندر فيه فرص التزاوج على المدى القصير وليس قادرًا على الحصول على شريكة ما لم يقدم التزامًا طويل الأجل ويشاركْ جميع موارده ، فانخراطه في علاقة حب هو خياره الإنجابي الأفضل. ومن المزايا الإضافية أن أي امرأة تبادله الحب ، سوف تقلّ احتمالية ممارستها الجنس مع رجال آخرين ، مما يزيد من ثقة أبوته. فليس من المستغرب أن نجد رجالًا في جميع أنحاء العالم يحبون ويكرّسون أنفسَهم تمامًا لزوجاتهم وأطفالهم.

من ناحية أخرى ، نجد أيضًا رجالًا لا يهتمون بشكل خاص بالحب أو العلاقات طويلة الأمد. إن النسبة المتزايدة من الأمهات العازبات ، والتي وصلت في مجموعات معيّنة إلى ٦٠ في المائة ، هي شهادة واضحة على هذه الظاهرة.[33] في بعض المجتمعات ، تكاد تكون فكرة تخلّي الرجل عن أطفاله لا يمكن تخيّلها ، وفي مجتمعات أخرى،

فقد أصبح التخلي هو القاعدة تقريبًا. ما الذي قد يفسر هذا الانقسام؟

* * * * * * * *

إن تحليلًا موجزًا للغة الإنجليزية يؤدي إلى اكتشاف مثير للاهتمام : هناك العديد من الكلمات المستخدَمة لتحقير النساء. المصطلحات مثل *ساقطة* ، *شرموطة* ، و*عاهرة* هي فقط عدد قليل من الكلمات البذيئة الشائعة الاستخدام ، والتي يشير معظمها إلى مستوى عالٍ من الاختلاط الجنسي. الكلمات المقابلة للرجال تكون أقل تحقيرًا ، إن وُجدت أصلًا. تنطبق هذه الملاحظة أيضًا على لغات أخرى ، مما يشير إلى حاجة عالَمية للتعبير عن كراهية النساء. ما سبب هذه الظاهرة؟

كما ذكرنا سابقًا ، هناك مواقف معيّنة تكون فيها لياقة الرجل الإنجابية محققة من خلال التزام طويل الأمد تجاه شريكته ؛ هذا هو السبب في أن الرجال لديهم القدرة على التعبير عن الحب. ومع ذلك ، توجد مواقف أخرى حيث لا يتم تحقيق لياقة الرجل الإنجابية من خلال التزام طويل الأجل. في هذه الحالات ، من المرجح أن يعبّر الرجال عن كراهية النساء. إذا كان الرجل في موقف لا يكون فيه الالتزام طويل الأمد مفيدًا ، فإن اهتماماته الإنجابية تفرض عليه عدم تقديم الالتزام. ومع ذلك ، هناك احتمال كبير بأن يؤذي ذلك المرأةَ التي هو معها. في هذه الحالة ، تُمكّن كراهية المرأة الرجلَ من تجنّب التأثّر بمصالح المرأة

وتعظيمِ لياقته الإنجابية - بلا رحمة - على حسابها.[34]

ربما التعبير الأكثر بلاغة عن هذه العقلية يظهر في أغنية فنان الهيب هوب جاي-زي. سيكون التالي هو الأول في العديد من أبيات الهيب هوب التي سيتم اقتباسها في هذا الكتاب. قد يجد بعض القراء هذه المقتطفات مزعجة ، لأن العديد من الأبيات دنسة جدًا. ومع ذلك ، فإنّ رأيَنا هو أن موسيقى الهيب هوب ، بفضل اهتمامها بإظهار رؤية صادقة للواقع ، تقدم نظرة واضحة عن ذهنية الرجال الذين يستخدمون إستراتيجيات إنجابية قصيرة المدى ، وهذا يكون نادرًا جدًا في الحوار العلني. علاوة على ذلك ، يمكن القول بأنّه نظرًا للارتفاع الهائل في شعبية موسيقى الهيب هوب في الولايات المتحدة وخارجها على مدى العقدين الماضيين ، فإن مغنيي الراب الأكثر شهرة ومهارة هم من بين الشخصيات الثقافية الأكثر أهمية وتأثيرًا في العالم.* هاتان النقطتان بنفسهما تبرران الاهتمام الجاد بكلمات الهيب هوب ، في رأيي. لقد قدّمتُ تعاريفي الخاصة للمصطلحات التي قد يجدها بعض القراء غامضة.**

* أدرجت مجلة «التايم» جاي-زي في قائمتها لأكثر ١٠٠ شخص نفوذًا في العالم في عام ٢٠٠٥.

** بسبب الاستخدام المعقّد للقافية والاستعارة واللغة العامية في كلمات الهيب هوب ، فإن الترجمة الدقيقة تمامًا تكاد تكون مستحيلة. لذلك قرّرنا تجاهل الاعتبارات الفنية وركّزنا على نقل معنى الكلمات بدلًا من ذلك. (المترجم)

العديد من الفتيات يردنَ أن يقبضنَ على جاي-
زي بالأصفاد *(يقصد الزواج)* ، ثم الطلاق منه
وتقسيم دولاراته.

فقط لأنكِ جيدة بالجنس الفموي ، ينبغي عليَّ أن
أشاركَكِ ، لكي تستمتعي في حياتكِ؟

كلا لا أتنازل عن شيء! هل أنتم مجانين؟ هل
أنا أعطي قلبي لامرأة!؟ كلا ، لن يحدث أبدًا ،
سأستمر في مغازلة النساء إلى الأبد...[35]

* * * * * * * *

كما ذكرنا سابقًا ، يمكننا أن نلاحظ الرجال يشغلون الطيف الكامل بين النمور وطيور القطرس فيما يتعلق بأدوارهم في تربية الأطفال. ولكن النقطة المحدّدة التي يشغلها رجال المجتمع على هذا الطيف تعتمد إلى حد كبير على ما يمكن تسميته *بالمناخ الإنجابي* للمجتمع. إذا كان في مصلحة الرجال أن يتصرفوا مثل طيور القطرس ، فمن المحتمل أن يتصرفوا بهذه الطريقة. يمكن قول الشيء نفسه بالنسبة للرجال الذين يتصرفون مثل النمور.[36] في الواقع ، الاختلاف بين كون الرجال في مجتمع معيّن - رعاةَ الأزواج والأبناء أو متخليين عن الذين هم الأكثر اعتمادًا عليهم - يعزى إلى الظروف التي يجد الرجال أنفسَهم فيها. من المتوقع أن يتصرف الرجال بطريقة تعزّز مصالحهم الإنجابية. إما هذا السعي يقوّي المجتمع

وإما يضره ، فهذا يعتمد إلى حد كبير على كيفية إظهار المحاولات لتحقيق أقصى قدر من اللياقة.

فيما يلي خلاصة للعوامل الرئيسية التي تُشكّل المناخ الإنجابي للمجتمع وتحدّد الدور الذي سيلعبه رجاله في الدعم طويل المدى لشريكاتهم وأطفالهم.

## قدرة الرجال على الحصول على فرص التزاوج قصيرة المدى

إذا كان الرجل يعيش في مجتمع لن تفكر فيه النساء في الانخراط مع رجل في علاقة جنسية خارج نطاق الزواج ، فإن الإستراتيجية قصيرة الأمد تكون عديمة الجدوى ويجب أن يكون الرجل على استعداد للالتزام طويل الأمد إذا كان يريد أن يكون لديه أي إرث وراثي على الإطلاق. من ناحية أخرى ، إذا كانت النساء في المجتمع يملن عمومًا إلى العلاقات قصيرة الأمد ، فمن المرجح أن يستفيد الرجال من هذه الفرص ، مما يقلل من رغبتهم في تحمّل جميع مسؤوليات العلاقة طويلة الأمد.

## مقدار ثقة الأبوة التي تقدمها النساء

إذا قرر الرجل رعاية الأطفال ، فمن الأهمية البيولوجية القصوى أن يكونوا أطفالَه حقًا. لذلك ، كلما شعر الرجل بثقة أكبر في كونه أبًا لطفل ما ، كلما زادت احتمالية تولّيهِ مسؤوليةَ إعالة الطفل والأم.[37]

## قدرة النساء على تربية الأطفال بمفردهنّ

يمكن للرجل أن يلقِّح مائة امرأة ، ولكن إذا لم يبلغ أي من هؤلاء الأطفال سن الرشد ، فلا يحصل على أي فائدة إنجابية. لذلك ، من المتوقع أن يكون الرجال أكثر استعدادًا لرعاية أسرهم في المجتمعات التي تكون فيها تربية المرأة لأطفالها بنفسها ، صعبةً أو مستحيلة. وعلى نفس المنوال ، فكلما زاد احتمال أن تتمكن النساء من رعاية الأطفال بمفردهن ، كلما قل الدافع الذي يحث الرجال على مساعدتهن. على الرغم من أن الأم والأطفال قد يعانون من هذا الإهمال ، إلا أنه قد يكون أكثر منطقية ـ من الناحية الإنجابية ـ للرجل أن يستخدم الموارد التي يمكن إنفاقها على تربية الأسرة ـ التي من المحتمل أن تتمكن من البقاء بدون مساعدته ـ في جذب المزيد من الشريكات. 38

\* \* \* \* \* \* \* \*

الآن سنقوم بتقييم كيف تؤثِّر هذه العوامل على النساء :

## قدرة الرجال على الحصول على فرص التزاوج قصيرة المدى

عندما تجد المرأة نفسها في مجتمع تسود فيه العلاقات طويلة الأمد ، يكون الدخول في علاقة قصيرة الأمد في

الأغلب أمرًا ضارًا جدًا ، لأن القيام بذلك قد يؤدي إلى فقدان السمعة والقدرةِ على الزواج. ومع ذلك ، يتغير كل هذا عندما يكون هناك عدد كبير من النساء على استعداد للانخراط في علاقات قصيرة الأجل. إن وجود مثل هؤلاء النساء يؤدي إلى مشاكل عديدة. هؤلاء النساء يقلّلن احتمالية تقديم الرجال التزامات طويلةَ الأجل. من قال : «لماذا تشتري البقرة بينما يمكنكَ الحصول على الحليب مجانًا؟» ، في الواقع كان لديه فهم جيد لعلم النفس التطوري.

ومما يزيد الطين بلّة ، أن الرجال الأكثر جاذبية هم الأقل احتمالية لتقديم الالتزام ، لأنهم سيكونون الأكثر قدرة على الاستفادة من الفرص المتاحة قصيرة الأجل. في مثل هذه الحالة ، فإن مستوى الالتزام الذي يمكن أن نتوقع من الرجل أن يقدمه سيكون مرتبطًا بشكل عكسي مع جاذبيته الإجمالية ، ويصبح تقديم الالتزام كتنازل للمُثل الإنجابية للمرأة في محاولة للتغلب على نقصه. توضّح ذلك الأغنيةُ التي يُهِين فيها مغني الراب ( ٥٠ سنت) رجلًا آخر :

شرموطتكَ شرموطة عادية ،
أنت تناديها حبيبتكَ.
بينما أنا أمارس الجنس معها وأطعِمها الوجبات
السريعة ، أنتَ تشتري لها الماس.[39]

## مقدار ثقة الأبوة التي تقدمها النساء

من وجهة نظر أنثوية ، فإن تقديم درجة عالية من ثقة الأبوة يكون مفيدًا فقط إذا كان هناك رجال يتبعون إستراتيجيات إنجابية طويلة المدى. كلما كان المناخ الإنجابي أكثر قصرًا ، كلما أصبحت ثقة الأبوة غير مهمة. في الواقع ، من المرجح أن ينفِّر الاحتشام ـ عند النساء ـ الرجالَ منهنّ.[40]

## قدرة النساء على تربية الأطفال بمفردهنّ

تتحقق المثالية للمرأة من قِبل الرجل الذي يقدم جينات جيدة وموارد وفيرة على المدى الطويل. في عالم مثالي ، سيكون هناك عدد غير محدود من الرجال الذين يقدمون المقدار الأمثل لكل من هذه الاحتياجات ـ وسيكون اختيار الرجل أمرًا بسيطًا. لسوء الحظ ، العالم الحقيقي مختلف تمامًا. كل رجل عنده مجموعة فريدة من نقاط القوة والضعف ، مما يترك للمرأة قرارات معقّدة. هل ينبغي أن تتخلى عن الجينات الجيدة من أجل الحصول على رجل ذي موارد وفيرة؟ إذا كان الأمر كذلك ، إلى أي درجة؟ أم هل ينبغي أن تجعل الجينات الجيدة أولويتها حتى لو كان ذلك يعني اختيار شريك لديه احتمالية أقل لتقديم التزام طويل الأمد؟[41] في المجتمعات التي تعتمد فيها النساء بشكل كبير على أزواجهن لإعالتهنّ ، يبدو أن الموارد طويلة الأمد هي التي تسود.[42]

من ناحية أخرى ، فإن المجتمعات التي تملك فيها المرأة درجة أكبر من الاستقلال ، تُمكّن المرأة من أن تكون أقل تنازلًا. كلما كانت المرأة أكثر استقلالًا ، كلما زادت قدرتها على التركيز على الدخول في علاقات مع الرجال الأكثر جاذبية قدرَ الإمكان.[43] من غير المرجح أن يقدم هؤلاء الرجال التزامًا طويل الأجل ، ولكن هذا لا يكون مانعًا ، لأن المرأة يمكنها إعالة نفسها. في مثل هذه الحالة ، قد يكون اتباع إستراتيجية إنجابية قصيرة المدى هو الخيار الإنجابي الأفضل للمرأة.* يقدم المقطع الأول

---

* تجدر الإشارة أيضًا إلى أن الإستراتيجية قصيرة الأمد ، وإن لم تكن مثالية ، ولكنها ما زالت قادرة على أن تقدم للمرأة القدرة على الحصول على موارد كثيرة من الرجال. إذا كان من غير المحتمل وجود التزام طويل الأمد ، فإن الكسب طويل الأجل للرجل يصبح غير مهم. بدلًا من ذلك ، يمكن للمرأة أن تهدف إلى الحصول على العديد من الموارد في الوقت القصير الذي من المتوقع أن تستمر فيه العلاقة. وعندما تنتهي العلاقة ، يمكن تكرار الأمر مع رجل آخر. النساء اللواتي يستخدمن مثل هذه الإستراتيجية عادة يُعجَبن بالرجال الذين يُظهرون الإسراف ، لأنه يعمل كإشارة إلى أن الرجل لديه القدرة على تقديم الكثير من الموارد في فترة قصيرة. الرجال اللذين يستخدمون إستراتيجية قصيرة الأمد يفهمون ذلك بسرعة ويتصرفون وفقًا له. هذا واضح في موسيقى الراب ، حيث توجد أغاني كاملة للتفاخر بمقدار الماس أو البلاتين الذي يوجد على الساعة أو القلادة. يوضح ٥٠ سنت أهمية إظهار الثروة (في هذه الحالة من خلال ارتداء الماس) لجذب النساء اللواتي يستخدمن إستراتيجيات قصيرة الأمد بالتالي : *يوجد الماس على رسغي ، أضع الماس في أذني ، أضع الماس حول عنقي ، وهذا سبب إعجاب شرموطتكَ بي.* 50 Cent, “Fuck You,” *Guess Who’s Back?* Also see Buss and Schmitt (1993); Draper and Harpending (1988).

من أغنية الفرقة الموسيقية المشهورة جدًا (دستنيز تشايلد) «المرأة المستقلة (الجزء الأول)» توضيحًا لكيف يمكن للاكتفاء الذاتي أن يشكّل الإستراتيجية الإنجابية للمرأة :

أخبرْني ما هو رأيكَ بي.
أنا أشتري الماس وأشتري الخواتم الخاصة بي.
أتّصل بكَ فقط عندما أشعر بالوحدة.
عندما ينتهي كل شيء *(هذه إشارة إلى ممارسة الجنس)* ،
من فضلكَ انهضْ وغادرْ.[44]

* * * * * * * *

كما أوضحنا من قبل ، فإن المناخ الإنجابي الذي يجد الناس أنفسَهم موجودين فيه ، يؤثِّر علي الإستراتيجيات التي يستخدمونها لتعظيم لياقتهم الإنجابية. لذلك ، فإن القدرة على التحديد الدقيق للمناخ الإنجابي السائد لها أهمية قصوى. ومع ذلك ، فإن اتخاذ هذا التقرير هو أكثر شُبهة مما قد يعتقده المرء. على عكس جميع الحيوانات الاجتماعية الأخرى ، لا يمارس البشر الجنس في الأماكن العامة أبدًا تقريبًا.[45] علاوة على ذلك ، يبذل الناس في كثير من الأحيان جهودًا كبيرة لإخفاء هوية من يمارسون الجنس معه. إذا لم يحصل الناس على فرصة لرؤية السلوك الجنسي للآخرين بشكل مباشر ، فكيف يكتشفون نوع المناخ الإنجابي الذي يعيشون فيه؟

عدم القدرة على مشاهدة السلوك الجنسي للآخرين

بشكل مباشر يُجبِر الناس على استخدام مصادر غير مباشرة وغير مضبوطة للمعلومات من أجل صياغة التقييم الدقيق للمناخ الإنجابي السائد. أحد هذه المصادر هو القيل والقال. هناك مواضيع قليلة أكثر إثارة للاهتمام من سماع آخر الأخبار حول مدى الاختلاط الجنسي لشخص معيّن أو الغراميات ، خاصة إذا كان هؤلاء الأشخاص يحاولون الحفاظ على سرية علاقاتهم. يُعتبَر الانخراط في مثل هذا الحديث عمومًا أحد الرذائل التي يمارسها أصحاب العقول الصغيرة. ومع ذلك ، قد يلعب هذا القيل والقال دورًا مهمًا للغاية.[46] على الرغم من أنه ليس جديرًا بالثقة التامّة على الإطلاق ، إلا أنه يمكن أن يقدم على الأقل بعض المعلومات حول الإستراتيجيات الإنجابية التي يستخدمها الآخرون ، وبالتالي عن المناخ الإنجابي ككل.

مصدر آخر ، أكثر موثوقية (عادةً) ، للمعلومات عن المناخ الإنجابي يأتى من قِبل نساء المجتمع ؛ وسبب ذلك هو أن الإستراتيجية الإنجابية التي تستخدمها المرأة يمكن إدراكها عادةً من خلال عدة جوانب من سلوكها ومظهرها. سوف نركز على ثلاثة من هذه الجوانب :

**الملابس**

اختيار المرأة لملابسها ، خاصة في المناسبات الاجتماعية ، يكشف قدرًا كبيرًا من المعلومات عن الإستراتيجية الإنجابية التي تستخدمها. كلما كانت المرأة ترتدي ملابس أكثر احتشامًا ، كلما أخبرت الآخرين

باستراتيجيتها الإنجابية طويلة الأجل. وعلى العكس من ذلك ، فإن النساء اللواتي يقررن ارتداء ملابس ضيقة و/ أو يُظهرن الكثير من أجسادهن ، يرسلن إشارة معناها أنهن يستخدمن إستراتيجية قصيرة الأجل.[47]

## المكياج

يمكن أن تكون تأثيرات المكياج على مظهر المرأة ملفتة للنظر. كيف يمكن لأشياء مثل أحمر الشفاه وأحمر الخدود وظلال العيون أن تحوّل مظهرَ المرأة؟ لو كان الأمر مجرّد مسألة موضة ، فقد نتوقع أن يتغير نوع المكياج الذي تستخدمه النساء مع مرور الوقت. ولكن لم يكن هذا هو الحال في الغالب. على سبيل المثال ، قامت النساء في مصر واليونان القديمة بتزيين وجوههن بطريقة مشابهة جدًا لنساء اليوم ،[48] مما يشير إلى أن الأسباب التي يساعد بها المكياجُ في جعل المرأة تبدو أكثر جاذبية ، لها أساس بيولوجي.

عندما تُثار المرأة جنسيًا ، تحدث تغيرات فسيولوجية معيّنة. من بين هذه التغيرات اتساع حدقة العين والأوعية الدموية في الخدين والشفتين. ما يعنيه هذا هو أن العيون تبدو أكبر والخدين والشفتين أكثر احمرارًا حيث تمتلئ الشعيرات الدموية في تلك المناطق بالدم. يتم محاكاة هذا المظهر بشكل مصطنع عن طريق استخدام المكياج. يجعل أحمر الشفاه وأحمر الخدود تلك المناطق أكثر احمرارًا ، بينما تجعل الكحلة العيونَ تبدو أكبر. لذلك ، يعمل المكياج

كإشارة للقابلية الجنسية ، على غرار الأعضاء التناسلية الحمراء المتضخمة للبابون عندما تكون في دورة الشبق.[49] كلما كانت كمية المكياج ــ التي تستخدمها المرأة علنًا ــ أكبر ، كلما زادت الإشارة إلى كونها تتبع إستراتيجية إنجابية قصيرة الأمد.

## السلوك

يتأثر الكثير من سلوك المرأة بالإستراتيجية الإنجابية التي تستخدمها. هذا هو الحال بشكل خاص في تعاملها مع الرجال. عادة ما تكون المرأة التي تتبع إستراتيجية طويلة الأمد خجولةً مع الرجال ، خاصة الذين قابلتْهم للتو. يشير هذا الأمر إلى أنها لا تقضي الكثير من الوقت مع الرجال، وبالتالي يعلن عن مستوى عالٍ من ثقة الأبوة. من ناحية أخرى ، يجب على النساء اللاتي يستخدمن إستراتيجية قصيرة الأمد إظهار قابليتهنّ الجنسية. هؤلاء النساء لا يخجلن من الرجال. على العكس من ذلك ، فهم غالبًا ما يكنّ متقدمات ومغازلات.[50] إذا كنّ يرقصن ، فإن حركاتهن تكون ذات طبيعة إيحائية جنسيًا. حتى سلوك المرأة أثناء ممارسة الجنس نفسه يعطي الكثير من المعلومات ، حيث يشير البرود الجنسي إلى نقص الخبرة وبالتالي درجةٍ عالية من ثقة الأبوة. التحرر يشير إلى عكس ذلك.[51]

**\* \* \* \* \* \* \* \***

حتى الآن ، قمنا بتصنيف الأشخاص إلى فئتين :

أولئك الذين يستخدمون إستراتيجيات إنجابية طويلة الأجل وأولئك الذين يستخدمون إستراتيجيات إنجابية قصيرة الأجل. فعلنا هذا في محاولة شرح الأمورِ بوضوح. ومع ذلك ، هذا لا يعني أن هناك اثنان فقط من الإستراتيجيات الإنجابية الثابتة. إن الإستراتيجية النهائية بالنسبة للطول والإستراتيجية النهائية بالنسبة للقصر تشكّلان طرفي الطيف ؛ حيث تقع إستراتيجيات معظم الأشخاص في مكان ما بينهما. لذلك ، هناك نظريًا عدد لا حصر له من الإستراتيجيات الإنجابية التي يمكن لشخص ما استخدامها. قد يكون الرسم البياني التالي مفيدًا.*

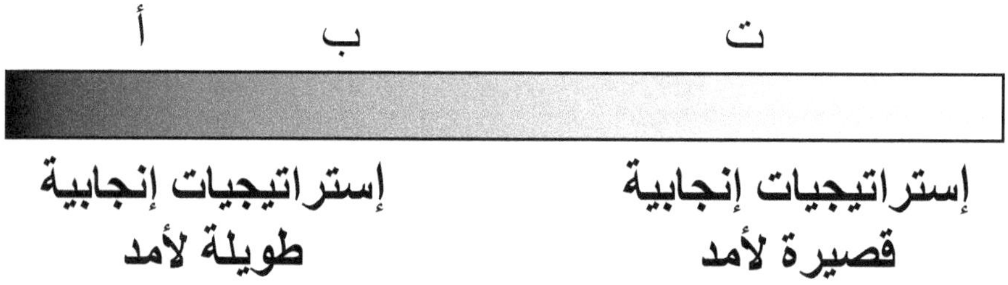

أ
ب
ت
إستراتيجيات إنجابية طويلة لأمد
إستراتيجيات إنجابية قصيرة لأمد

في هذا الرسم البياني ، يستخدم الشخص (أ) إستراتيجية إنجابية أكثر طولًا من الشخص (ب) ، الذي يستخدم إستراتيجية إنجابية أكثر طولًا من الشخص (ت). بالقياس، هناك أيضًا عدد لا حصر له من المناخات الإنجابية المحتملة ، والتي يتم تعريفها على أنها الكيان الموجود بسبب السلوكيات الإنجابية الإجمالية لسكان

* يُرجى أيضًا الاطلاع على النسخة الملونّة من هذا الرسم البياني الموجودة على الغلاف الخلفي لهذا الكتاب.

المجتمع. يمكن تمثيل ذلك أيضًا بطريقة بيانية.*

ت ب أ

**مناخات إنجابية قصيرة لأمد** **مناخات إنجابية طويلة لأمد**

* * * * * * * *

هناك معضلة تواجهها جميع النساء : قبل أن تأمل المرأة في التزام الرجل بها ، يجب عليها أولًا أن تجذبه. يصبح جذب الرجل أسهل من خلال إظهار القابلية الجنسية، طلبًا لحاجته إلى الاختلاط الجنسي وتقديم مستوى قليل من الالتزام. من ناحية أخرى ، يصبح دفع الرجل إلى الالتزام أسهل من خلال إظهار ضبط النفس بالنسبة إلى الجنس ، طلبًا إلى حاجته إلى ثقة الأبوة. هذا هو مصدر اللغز. إذا قدمت المرأة نفسها بطريقة تُظهِر بوضوح قابليتها الجنسية ، فإن فرصها في جذب رجل تزداد ، ولكن فرص رغبته في التزام طويل الأمد معها تتناقص. على العكس من ذلك ، إذا قدمت نفسها بطريقة لا تظهر بوضوح قابليتها الجنسية ، فإن فرصها في جذب الشريك تتناقص. الحل الأمثل لهذه المشكلة مستحيل.

* في هذا الرسم البياني ، المجتمع (أ) له مناخ إنجابي أكثر طولًا من المجتمع (ب) ، والذي له مناخ إنجابي أكثر طولًا من المجتمع (ت).

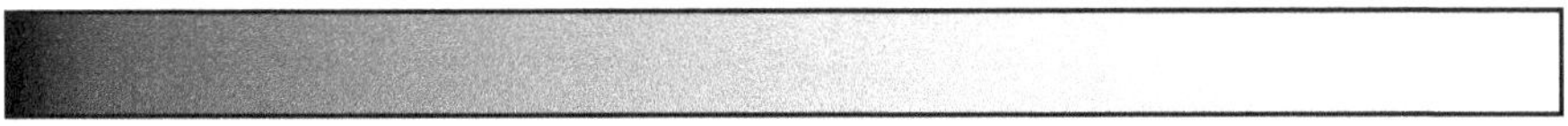

لذلك يتعين على النساء السير في طريق ضيّق للغاية من أجل تعظيم لياقتهن الإنجابية. يجب أن يكون لدى المرأة ما يكفي من الجذب قصير المدى لاستمالة الرجل ـ وفي الوقت نفسه أن يكون لديها ما يكفي من الجذب طويل المدى للحصول على الالتزام. على نفس المنوال ، لا ينبغي أن يكون لديها الإفراط في الجذب قصير المدى بحيث يبدأ الرجل في النظر إليها على أنها تقدم القليل من ثقة الأبوة ـ أو أن يكون لديها الإفراط في الجذب طويل المدى بحيث يبدأ الرجل في الاعتقاد بأن بدء علاقة معها سوف يستهلك الشطط من وقته وموارده.

لذلك فإن لدى المرأة الكثير من القرارات المعقّدة. هل ينبغي أن تكون ملابسها كاشفة؟ إلى أي درجة بالضبط؟ كم من المكياج ينبغي أن تستعمل؟ هل عليها أن تكون خجولة أو جريئة؟ وإلى أي درجة؟ في أي مرحلة من العلاقة ينبغي أن توافق على التعبير عن عاطفتها جسديًا، وإلى أي درجة؟ تعتمد الإجابات على هذه الأسئلة بشكل كبير على المناخ الإنجابي السائد. في مناخ إنجابي قصير الأمد ، تلبية حاجة الرجل إلى الاختلاط الجنسي والقليل من الالتزام ، هي الأكثر أهمية. في مناخ إنجابي طويل الأمد ، الأهم هو تلبية حاجة الرجل إلى ثقة الأبوة. ومع ذلك ، عادة ما يتم تعظيم لياقة المرأة الإنجابية من خلال الطلب إلى الحاجتين الإنجابيتين في نفس الوقت إلى حد ما ، مهما يكون المناخ الإنجابي السائد.

* * * * * * * *

لنفترض مرة أخرى وجود قرية خيالية. لهذه القرية الصغيرة مناخ إنجابي طويل الأمد ، والعلاقات الجنسية على الأغلب لا تحدث خارج نطاق الزواج. نتوقع من النساء في هذه القرية أن يستخدمن إستراتيجيات إنجابية طويلة الأمد وأن يقدمن أنفسهن بطريقة تشير إلى أنهن يعرضن للرجال درجة عالية من ثقة الأبوة. ترتدي النساء ملابس محتشمة ، ويستخدمن القليل من المكياج أو لا يستخدمنه على الإطلاق ، ويخجلن من الرجال.

دعونا ننظر الآن إلى الوضع من منظور امرأة في هذه القرية (المرأة أ). لا داعي لها للقلق بشأن الحصول على الالتزام. ومع ذلك ، عليها أن تقلق بشأن جذب رجل مرغوب فيه. لسوء حظها ، فإن كل امرأة أخرى في القرية لديها نفس الخطة. إذا تمكنت من التوصل إلى طريقة تجعلها أكثر جاذبية ، فيمكنها التقدم على هؤلاء النساء الأخريات.

إحدى الطرق التي يمكن أن تحاول بها المرأة (أ) الحصول على هذه الميزة هي من خلال الطلب الرقيق إلى احتياجات الرجل الإنجابية قصيرة الأجل. ولكن هذه الإستراتيجية لا تخلو من المخاطر. إذا كان جذبها قصير الأجل مفرطًا في الوضوح ، فقد تأتي خطتها بنتائج عكسية

ـ وسيعتبرها الرجالُ في القرية غيرَ مناسبة للزواج.\*
ولكن إذا تم الأمر بشكل خفيف ، ربما من خلال ارتداء
التنانير التي تصل إلى عظم الساق\*\* أو القليل من المكياج،
فقد تكون قادرة على جذب رجل ما كانت لتحصل عليه
من دون ذلك ، وبدون التقليل من احتمالية الحصول على
الالتزام.

لنفترض أن المرأة (أ) استخدمت إستراتيجيتها
بنجاح ، وأدى الانتباه الإضافي الذي تلقّتْه من رجال القرية
إلى زواجها من رجل مرغوب فيه. بعد ملاحظة ذلك ،
قررت بعض النساء الأخريات في القرية تقديم أنفسهن
بنفس الطريقة ، أملًا في الحصول على نتيجة مماثلة. في
النهاية ، يتعيّن على جميع النساء في القرية الاختيار. إذا
وجدن أن كونهن أكثر احتشامًا لا يؤدي إلى أن يفضلهن
الرجالُ كزوجات محتملات ، فإن جذبهن الأقل نسبيًا على
المدى القصير يضعهن في وضع إنجابي سيء. من أجل
منع ذلك ، من المحتمل أن يشعرن بأنهن مضطرات لتقديم
أنفسهن بنفس الطريقة التي قدمت بها المرأة (أ) نفسها من
قبل.

_____

\* يجب على المرأة (أ) أيضًا أن تقلق بشأن النتائج السلبية التي قد تولِّدها
إستراتيجيتها من النساء الأخريات في القرية ، اللاتي من المرجح أنهن
سيعترضن على إضعاف مكانتهن الإنجابية بهذه الطريقة.

\*\* بافتراض أن النساء الأخريات في القرية يرتدين تنانير تصل إلى
الأرض.

الآن دعونا نفترض أن جيلًا قد مضى. الآن جميع النساء في القرية يرتدين الملابس كما بدأت ترتديها المرأة (أ) في الجيل السابق. ولكن على الرغم من ارتداء النساء التنانيرَ التي تصل إلى عظم الساق ووضع القليل من المكياج ، لم يتغير الكثير. لا يزال المناخ الإنجابي طويل الأمد ، ولا تزال العلاقات خارج الزواج نادرة ، كما كانت في الأجيال السابقة. الآن تأتي المرأة (ب). تعاني المرأة (ب) من نفس المشكلة التي كانت تعاني منها المرأة (أ) سابقًا. إنها تريد أن تجذب (قدرَ الإمكان) الرجل الأكثر جاذبية. لذلك تُقرّر استخدام نفس الإستراتيجية التي اتبعتها المرأة (أ) ، حيث تلبي احتياجات الرجال قصيرة المدى ، ولكن ليس إلى الحد الذي يُبدَأ فيه اعتبارها امرأةً تقدِّم درجة قليلة من ثقة الأبوة. ومع ذلك ، لا يمكن للمرأة (ب) أن ترتدي تنورة تصل إلى عظم الساق وتضع بعض المكياج كما فعلت المرأة (أ). كل امرأة تفعل ذلك الآن. يجب على المرأة (ب) أن تفعل شيئًا إضافيًا. تُقرّر ارتداء التنانير التي تصل إلى الركبة ووضْع المزيد من المكياج. تصبح أيضًا أقل احتشامًا مع الرجال ، وأحيانًا أكثر مغازلة. مرة أخرى ، دعونا نفترض أن المرأة (ب) تستخدم هذه الإستراتيجية بنجاح وتتزوج من رجل أكثر جاذبية نتيجةً لذلك. مرة أخرى ، وُضعَت النساء الأخريات في وضع حيث يتعين عليهن تقليد ذلك أو أن يُترَكن في الخلف.

وهكذا تتقدم الأمور. تصبح ملابس النساء أكثر فأكثر كشفًا ، وتبدأ النساء في التفاعل الأكثر مع الرجال. تؤدي

هذه التفاعلات في النهاية إلى المواعدة وتكوين الأزواج. لا يوافق كبار السن في القرية على كل هذا ، لكن يُنظَر إليهم على أنهم جماعة من الديناصورات القديمة اللذين لا يعرفون ما الذي يتحدثون عنه. بعد مرور بعض الوقت ، تبدأ أنواع مختلفة من المداعبة الجنسية مع المواعدة.

طبعًا المداعبة عمومًا مقدمة لشيء آخر. حتمًا ، سوف يُثار عشيق وعشيقة ما وينتهي بهما الأمر إلى ممارسة الجنس. بعد مرور بعض الوقت ، يصبح الجنس قبل الزواج جزءًا من طقوس الخطوبة. ومع ذلك ، فإن العقلية الإنجابية للشباب في القرية لا تزال طويلة المدى نسبيًا. إذا كان الأفراد غير المتزوجين يضاجعون بعضهم البعض، فهذا فقط بعد أن يتعارفوا لفترة طويلة ويشعروا أنهم يتحابّون. عادة ما يتزوج هؤلاء الأفراد بعد فترة وجيزة. يُنظَر إلى المغازلة كوسيلة لتحقيق غاية ؛ والغاية هي الزواج وتكوين أسرة.

حتى الآن ، تابعنا هذه القصة من منظور النساء. دعونا الآن نركز على الرجال. في الماضي ، كان الرجال يستخدمون إستراتيجية طويلة الأمد ، معتبرين ثقة الأبوة أكثر أهمية من الاختلاط الجنسي وتقديم القليل من الالتزام. ومع ذلك ، فإن النداءات قصيرة الأمد التي كانت توجهها النساء تدريجيًا إلى الرجال تؤدي الآن إلى نتيجة لم تكن متوقعة من قبل. يبدأ الشباب في القرية في تغيير أولوياتهم الإنجابية. تصبح ثقة الأبوة أقل أهمية من الاختلاط الجنسي والالتزام القليل. في البداية ، كان هذا

التغيير خفيفًا ، ولا يمكن ملاحظته إلا بين الرجال الأقل سِنًا في القرية.

تدريجيًا ، يتضائل النظر إلى المغازلة كوسيلة لتحقيق غاية ، وتصبح هي الغاية في ذاتها. يبدأ الرجال في ملاحقة النساء بدون النية لتقديم الالتزام. يبدأون في التركيز أكثر على الجانب الجنسي للعلاقة. يكونون أقل عرضة للوقوع في الحب ، ويؤجلون الزواج لفترة أطول من الوقت. يقرر بعض الرجال التخلي عن الزواج تمامًا. حتى عندما يتزوجون ، فإنهم أقل عرضة للبقاء متزوجين وأكثر عرضة لخيانة زوجاتهم. لقد كان الزواج يومًا ما شيئًا يُتطلع إليه ، بينما يُنظَر إليه الآن على أنه مقيِّد ومضيّق. حتى غريزة الأبوة تبدأ بالتراجع ، ويلعب عدد متزايد من الرجال دورًا ضئيلًا أو معدومًا في تنشئة أطفالهم.

في بيئة كهذه ، لا يبقى للنساء في القرية سبب قوي للاهتمام بتقديم أنفسهن بطريقة تعلن عن ثقة الأبوة ، لأن الرجال يركزون على الاختلاط الجنسي والالتزام القليل. وبالتالي ، فإن سلوكيات النساء تصبح أكثر فأكثر قصرًا بطبيعتها ، والتي بدورها تعمل كحافز للرجال لاستخدام المزيد من الإستراتيجيات الإنجابية قصيرة الأجل. على الرغم من أن التغيرات حدثت بشكل تدريجي ، فقد أصبح مناخ القرية الإنجابي مختلفًا تمامًا عن المناخ الذي سكنتْه المرأة (أ) قبل عدة أجيال.

* * * * * * * *

مرة أخرى ، قريتنا الخيالية شديدة التبسيط. ومع ذلك ، فإن العملية التي يتحوّل بها المناخ الإنجابي طويل الأجل للقرية بمرور الوقت إلى مناخ إنجابي قصير الأجل توازي ما حدث عمومًا في المجتمع الأمريكي خلال القرن الماضي. قبل مائة عام ، كان المناخ الإنجابي في أمريكا مختلفًا تمامًا عما هو عليه اليوم. اعتُبِرَت العفة والاحتشام قِيمًا مهمة ، وكان يُعتبَر الجنس قبل الزواج شيئًا سلبيًا للغاية. كان أسلوب الملابس للنساء مختلفًا جدًا أيضًا. كانت النساء عمومًا يرتدين ملابس فضفاضة تغطّي أجسادهن بالكامل وغالبًا ما يغطين شعرهن أيضًا.[52] علاوة على ذلك ، كان لاستخدام المكياج وصمة عار كبيرة ترتبط به، وكان يقتصر عمومًا على البغايا اللاتي يحاولن جذب العملاء![53]

مع مرور العقود ، بدأت القيم المحافظة تتغير ببطء. بحلول الخمسينيات من القرن الماضي ، قد تغير المجتمع الأمريكي بشكل كبير. على الرغم من اعتباره محافظًا وفقًا لمعايير اليوم ، إلا أن السترات والتنانير الأكثر ضيقًا التي كانت ترتديها الشابّات ، أظهرت من الجسد أكثر مما فعلتْه ملابس العقود الماضية. أضاع المكياج وصمة عاره السابقة ، وانتشر استخدامه على نطاق واسع. علاوة على ذلك ، أصبحت ممارسة خروج الشباب والفتيات غير المتزوجين في مواعيد غرامية وتكوين الثنائيات ، أمرًا شائعًا. يبدو أيضًا أن الجنس قبل الزواج قد انتشر في

هذا الوقت. ومع ذلك ، فإن الطبيعة طويلة الأجل للمناخ الإنجابي ما زالت واضحة. ما زال لإنجاب طفل خارج إطار الزواج وصمة عار ، وعادة ما تزوج الثنائي بسرعة عندما حملت المرأة بدون قصد.[54]

إذا استمر المناخ الإنجابي طويل الأجل للمجتمع في أن يصبح أكثر فأكثر قصرًا ، فسيتم الوصول في النهاية إلى نقطة حيث يصبح المستوى العالي من ثقة الأبوة أقل قيمة من القدرة على الاختلاط الجنسي مع التزام قليل. تعلن هذه المرحلة عن تشكيل مناخ إنجابي قصير الأجل. في المجتمع الأمريكي ، يمكن أن يُجادَل بأن هذا الحدث وقع في الستينيات. كان هذا العقد فترة تغيرٍ مجتمعي عميق. بدأ الشباب في التشكيك في أنماط آبائهم، ووجد الكثيرون طرقهم مضطهدة ومقيّدة. خلال هذا الوقت حدث ما يُعرف الآن بالثورة الجنسية.[55] لم تضيّع ممارسة الجنس قبل الزواج وصمة عارها فحسب، بل بدأ الكثيرون يعتبرون الاختلاط الجنسي والجنس الغريزي شكلًا من أشكال التنوير والتمرد على أساليب الماضي المضيِّقة والمكبوتة.[56] ليس من المستغرب أن ظهور مناخ إنجابي قصير الأمد أعقبته حالة من عدم الاستقرار غير المعروفة سابقًا في بنية الأسرة الأمريكية التقليدية ، وهي ظاهرة لا تزال مستمرة حتى يومنا هذا.[57]

* * * * * * * *

أحد الجوانب الممتدة للحياة الأسرية الأمريكية - على

مدى عدّة الأجيال الماضية - هو التوتر في العلاقة بين الوالدين وأطفالهم المراهقين ، ولا سيما بناتهم. كثيرًا ما يشعر الوالدان بأن بناتهم يحاولن بلوغ رشدهن بسرعة مفرطة. حيث تصبح القضايا المتعلقة بالمكياج والملابس والمواعدة والجنس مسببة للخلاف الشديد ومصدرًا لجدالات لا حصر لها. لا يوافق الوالدان على سلوك ابنتهما في مثل هذه السن المبكرة ، وتشعر الابنة بأن والديها صارمان بلا داع وقديما الطراز. لقد أصبح هذا الوضع شائعًا لدرجة أن الكثيرين يعتقدون أنه جزء لا مفر منه من عملية النشأة. ومع ذلك ، في أجزاء كثيرة من العالم، فإن الابنة التي تجادل والديها وتعصيهما بهذه الطريقة هو أمر لا يمكن تصوره. ما الذي يفسر هذه الفجوة بين الأجيال عندما تكون موجودة؟

* * * * * * * *

عندما تفقس البيضة وتخرج الإوزة منها ، فإنها تتبع أمها بشكل غريزي وتتطلع إليها لحمايتها. تسمَّى العملية التي يحدث بها هذا الأمر *بالتطبّع*. الإوزة التي فقست، ليس لديها مفهوم فطري لكيفية مظهر أمها. إنها فقط تطبِّع على أول شيء متحرك تراه ويستجيب لنداءاتها للاستغاثة. في البرية ، غالبًا ما تكون أمُها هي أول ما تقابله ، لذا يعمل النظام بشكل جيد. ولكن عندما قام عالم الحيوان بإبعاد بعض بيض الإوز عن أمهم وقدّم المحفزات اللازمة بعد الفقس ، طبّع الإوز الصغار على عالم الحيوان ، واعتبروه أمهم!

مدة التطبّع في الإوز قصيرة نسبيًا. إذا تم إبعاد إوزة عن أمها خلال هذه الفترة الحرجة ، فلن تطبّع عليها ، مهما يكون مقدار الوقت الذي تقضيه معها بعد ذلك.[58] التطبّع مثال جيد على الحقيقة بأن بعض وظائف الدماغ جاهزة للعمل فقط في وقت محدد ، أي عندما تكون ضرورية.

مثال على هذه الظاهرة عند البشر هو القدرة على تعلّم اللغة. أولئك الذين حاولوا تعلم لغة أجنبية في مرحلة البلوغ يعرفون مدى صعوبة هذا المسعى - حتى بمساعدة الكتب المكتوبة بلغتهم الأم التي تمكنهم من ترجمة المفردات وشرح القواعد النحوية من خلال مقارنتها بقواعد اللغة المعروفة لهم. حتى مع كل هذه الوسائل ، القليل جدًا من الناس قادرون على الوصول إلى طلاقة المتحدث الأصلي ، حتى بعد عقود من الممارسة. إن الصعوبة التي يتعرّض لها البالغون في تعلم لغة جديدة ، تجعل سهولة تعلم الأطفال للغة تبدو أكثر روعة. الأطفال ، الذين يبدؤون في التحدث بأول كلماتهم في حوالي عيد ميلادهم الأول ، يقتربون من الطلاقة بعد عامين إضافيين أو ثلاثة أعوام. من الواضح أن الأطفال ليس لديهم القدرة على استخدام القواميس أو قراءة كتب القواعد. علاوة على ذلك ، ليس لدى الأطفال إطار مرجعي سابق لأي من المعلومات الجديدة التي أفِيضتْ عليهم من جميع النواحي.

يُعدّ تعقيد اللغات البشرية أحد الأشياء التي تُميّزنا عن جميع الأنواع الأخرى. تلعب اللغة دورًا مركزيًا في قدرة

الفرد على التفاعل مع الآخرين. لذلك ، يتم تكوين أدمغة الأطفال بطريقة تسمح لهم بإتقان تعقيدات اللغة بسرعة وبدقة في فترة زمنية قصيرة.

مِثل أي عملية بيولوجية أخرى ، يستلزم عمل وظائف الدماغ استهلاك الطاقة. من أجل الحفاظ على الموارد، تم تصميم الكائنات الحية لتكون عالية الكفاءة والشُحّ في استخدامها للطاقة. بعد أن يتعلم الطفل لغة قومه ، تصبح القدرة على تعلم اللغة أقل أهمية. كان هذا صحيحًا بشكل خاص في الماضي البعيد ، حيث كان التواصل مع أشخاص يتحدثون لغات مختلفة أقل احتمالًا. لذلك ، ليس من المستغرب أن يفقد الأطفال تدريجيًا القدرة على تعلم اللغة مع تقدّمِهم في السن. لا يزال بإمكان البالغين الوصول إلى مستوى عالٍ من الطلاقة من خلال العمل الجاد ، ولكن القدرة على التحدث والتفكير بلغة ما - كأنها اللغة الأم - تكون قد فُقدتْ.[59]

يستلزم تعظيم اللياقة الإنجابية للفرد فهمًا دقيقًا للمناخ الإنجابي السائد والتصرف وفقًا له. بالنظر إلى أن القدرة على الإنجاب تبدأ في مرحلة المراهقة ، فمن المهم أن تكون عقلية إنجابية مناسبة في مكانها بحلول هذا الوقت. في الماضي البعيد ، كان من غيرالمرجح أن يتغير المناخ الإنجابي للمجتمع بشكل كبير على مدار حياة الفرد. لذلك، فإن الحاجة إلى الانتباه إلى نواحي المجتمع التي تشير إلى المناخ الإنجابي السائد تتضاءل مع تقدُّم الشخص بالعمر إلى مرحلة البلوغ. كما هو الحال مع قدرته على تعلم

اللغة بطلاقة ، يبدو أن الدماغ يفقد ببطء قدرته على تحديد طبيعة المناخ الإنجابي الذي يتعامل معه ، بعد فترة زمنية معيّنة .

\* \* \* \* \* \* \* \*

في النهاية ، الغرض البيولوجي لإنجاب الأطفال هو أنهم الوسيلة التي يضمن الوالدان من خلالها استمرار بقاء جيناتهما. لذلك ، يقوم الآباء والأمهات بتربية أطفالهم بالطريقة التي يعتقدون أنها تحقق أقصى قدر من لياقة أطفالهم الإنجابية. وهذا يستلزم تعليم الأطفال الإستراتيجية الصحيحة للمناخ الإنجابي الذي يعيشون فيه واستنكارَ التصرفات التي هي ضارة من وجهة النظر الإنجابية.

لنفترضْ أن رجلًا وامرأة وُلدا عام ١٩٢٠ وتزوجا في النهاية. عندما كانا يكبران ، راقبا بشكل لا شعوري مجتمعهما من أجل صياغة إستراتيجية إنجابية مثالية. بالنسبة لهذين الزوجين ، كانت هذه العملية تحدث في عشرينيات وثلاثينيات القرن الماضي. عندما اقتربا من البلوغ ، تضاءلت قدرتهما على التكيف مع المناخ الإنجابي السائد ؛ في النهاية ، أصبحت عقلياتهما الإنجابية ثابتة وغير قابلة للتغيير. من أجل السهولة ، سنقول إن لديهما عقلية إنجابية متوافقة مع المناخ الإنجابي لعام ١٩٤٠. عندما بلغ هذان الزوجان الثلاثين من العمر ، رُزقا ببنت.

تكبر الابنة ، وفي النهاية تصل إلى سن المراهقة. أثناء نشأتها ، كانت هي أيضًا تراقب مجتمعها دون وعي من أجل صياغة إستراتيجية إنجابية مثالية. ومع ذلك، كما ناقشنا سابقًا ، شهد القرن الماضي في الولايات المتحدة تغيرًا عميقًا في المناخ الإنجابي ، والذي أصبح تدريجيًا أكثر قصرًا بطبيعته. لذلك ، نشأت الابنة في مجتمع مختلف تمامًا عن مجتمع والديها.

الآن العام ١٩٦٧ ، والوالدان والابنة لا يتّفقون. تشعر الابنة بأنها بالغة وينبغي أن تكون حرة في إدارة حياتها بالشكل الذي تراه مناسبًا. يختلف الوالدان معها. يدور الكثير من الصراع حول الحياة الاجتماعية للابنة. يجد الوالدان أن الطريقة التي تقدِّم بها ابنتهما نفسَها في الأماكن العامة غير مقبولة. إنها تضع الكثير من المكياج، وملابسها تكشف الكثير من جسدها. والأسوأ من ذلك هو اختيارها للأخلاء وموقفها اللا مبالي بشأن المواعدة والجنس. وكثيرًا ما يدفعها هذا الأمر إلى السخرية من آراء والديها لأنها تعتبرها قديمة الطراز وعتيقة.

سبب هذا الصراع هو أن الوالدين والابنة لديهم آراء مختلفة جدًا حول كيفية قيام الابنة بتعظيم لياقتها الإنجابية. على الرغم من أنهم في عام ١٩٧٦ ، فإن الوالدين يحكمان على ابنتهما كما لو كانت في عام ١٩٤٠. في عام ١٩٤٠، كانت الفتاة التي تلبس وتتصرف بالطريقة التي تتصرف بها ابنتهما ، تُعتبَر عاهرة ؛ وكان سيجعل هذا الأمر الحصولَ على التزام طويل الأجل شيئًا بعيد الاحتمال

٧٤

للغاية. يشعر الوالدان أن الإستراتيجية التي تتبعها ابنتهما مفرطة في القصر ، وبالتالي فإنها تهدد اللياقة الإنجابية لجميعهم. لذلك يبذلان قصارى جهدهما لإجبارها على اتباع إستراتيجية إنجابية أكثر ملاءمة.

ما لا يستطيع الوالدان رؤيته هو أن قِيَمهما الإنجابية أصبحت قديمة الطراز. إذا استمعت الابنة بالفعل إلى والديها وفعلت ما يريدانه ، فمن المحتمل أن يكون سلوكها غيرَ مناسب للمناخ الذي تعيش فيه ، مما قد يضرّهم بالنسبة للإنجاب جميعًا. هذا هو السبب في أنها لا تستمع لهما. سيستمر كل من الوالدين والابنة في الدفاع عما يعتقدون أنه يخدم مصالحهم الإنجابية بالطريقة الأفضل. وإذا كانت الفجوة بين وجهات نظرهم كبيرة بما فيه الكفاية، فقد يؤدي ذلك إلى ضرر بالغ لعلاقتهم.

* * * * * * * *

يمكن أن تصبح الفجوة بين الأجيال كبيرة بشكل خاص عندما يهاجر الآباء من بلد يكون مناخه الإنجابي أكثر طولًا بكثير من بلد إقامتهم الجديد. في بلد ذي مناخ إنجابي طويل الأمد ، من المهم جدًا أن تقدِّم الفتياتُ أنفسَهن بطريقة لا تدعُ مجالًا للشك بشأن الدرجة العالية من ثقة الأبوة التي يضمنَّها. الأشياء التي ربما تبدو تافهة ، مثل خروج الفتاة ليلًا مع صديقاتها أو مجرد التحدث إلى الصبيان ، يمكن أن تكون لها عواقب إنجابية سلبية جدًا ، خاصة إذا كانت الفتيات الأخريات لا يشاركن في مثل هذه الأنشطة. لذلك،

يحاول الآباء التأكد من أن بناتهم لا يعرضن مستقبلهن الإنجابي للخطر من خلال التشدد معهن إذا لم يدركنَ الطريقة الصحيحة للتصرف بمفردهن. يمكن أن يسبّب هذا التشددُ الكثيرَ من الغم إذا هاجر الوالدان وربّيَا ابنتهما في بلد مثل الولايات المتحدة. تأثرًا بالمناخ الإنجابي الذي عاشوا فيه خلال شبابهم ، غالبًا ما يضع الآباء قواعد تبدو لبناتهم بأن صرامتها لا عقلانية تمامًا. قد يبدو هذا فظيعًا بشكل خاص عندما تُرفَض طلبات هؤلاء الفتيات التي لن يكون لدى والدي أصدقائهن أي اعتراض عليها. مرة أخرى ، يمكن أن يُنتَج الضرر البالغ للعلاقة بين الوالدين والابنة بسبب هذا سوء الفهم الإنجابي.

عادة ما يكون الآباء القادمون من مناخات طويلة الأجل أقل صرامة عندما يتعلق الأمر بتربية أبنائهم الذكور. يتمتع الصبيان عمومًا بحرية أكبر عندما يتعلق الأمر بالتواصل الاجتماعي أو منع التجول. إذا اكتشف الوالدان أن ابنهما لديه حبيبة ، تكون الاستجابة عمومًا أكثر اعتدالًا مما لو كانت ابنتهما تواعِد شخصًا ما سرًّا. يمكن أن تدفع مثل هذه المواقف الشابّات إلى الاستياء من عائلاتهن وثقافتهن ، حيث يبدو لهنّ أن الذكور يتلقّون معاملة تفضيلية بسبب أهميتهم الكبرى في نظر المجتمع.

ربما ينبغي توقّع هذه المعايير المزدوجة. يضع الآباء القواعد ويربّون أطفالهم بالطريقة التي يشعرون بأنها تُعظِّم لياقتهم الإنجابية. إذا نشأ الوالدان في مناخ إنجابي طويل الأمد ، فسيضعان قواعد للفتاة تضمن أن يُنظَر إليها

على أنها توفّر درجة عالية من ثقة الأبوة. ومع ذلك، لا داعي للنساء للقلق بشأن ثقة الأمومة ، وهذا هو السبب في أن العفة السابقة للشريك لها أهمية أقل للنساء بالمقارنة مع الرجال. لذلك ، هناك فائدة إنجابية أقل في التشدد مع الابن. قد يواجه الشاب المعروف بكونه زير نساء في مناخ إنجابي طويل الأمد صعوبةً في العثور على زوجة ؛ لذلك لا يزال لدى الوالدين سبب ليكونا صارمَين معه إلى حد ما.[60] ومع ذلك ، فإن السعي وراء فرص إنجابية قصيرة الأمد تقدّم نفسَها ، يمكن أن يكون مفيدًا جدًا لشاب، وبالتالي يمكن أن يكون هذا السلوك مفيدًا جدًا لوالديه أيضًا. لذلك من المنطقي أن يكون الوالدان أكثر تسامحًا مع طيش ابنهما.[61]

\* \* \* \* \* \* \* \*

شهد القرن الماضي تغيرات عميقة في المجتمع الأمريكي نتيجةً أن أصبح مناخه الإنجابي أكثر قصرًا بطبيعته. وبدرجات متفاوتة ، حدثت عملية مماثلة في نفس الإطار الزمني في معظم أنحاء العالم. تكثر الأمثلة على المناخات الإنجابية التي كانت طويلة الأمد ومستقرة لقرون ، فتغيرت بشكل جذري في عدّة عقود. ما هي جوانب الحداثة وراء هذه الظاهرة العالمية؟ على الرغم من أن الأسباب متعدّدة وتختلف من مكان إلى آخر ، إلا أننا نعتقد أن ثلاثة أسباب لها أهمية خاصة :

## التمدّن

التمدّن هو عملية كانت تحدث منذ آلاف السنين. ومع ذلك ، فإن الزيادات في النمو السكاني ، إلى جانب التقدم في التكنولوجيا الزراعية التي تقلل من الحاجة للمزارعين، قد عجّلت هذه العملية بشكل هائل في القرن الماضي. بحلول عام ٢٠٠٨ ، من المتوقع* أن عدد الأشخاص الذين يعيشون في المدن سوف يساوي العدد في المناطق الريفية لأول مرة في تاريخ البشرية.**

غالبًا ما يتم ردع النساء (اللاتي يكنّ عمومًا أقل حرصًا على تكوين علاقات قصيرة الأجل)[62] عن الانخراط في السلوكيات الإنجابية قصيرة الأجل بسبب العواقب السلبية العديدة التي يمكن أن تؤدي إليها مثل هذه السلوكيات. تظهر إحدى هذه العواقب إذا بدأ النظر إلى المرأة على أنها توفّر درجة منخفضة من ثقة الأبوة ، مما يجعلها خيارًا سيئًا كشريكة طويلة الأمد. خلال أغلب تاريخ البشرية ، أمضى الناس كل حياتهم في مجموعة صغيرة من الناس اللذين كانوا يعرفون بعضهم البعض

---

* أكمِلَ تأليف هذا الكتاب في عام ٢٠٠٧.

** بحلول عام ٢٠٣٠ ، تشير التقديرات إلى أن هذا الرقم سيرتفع إلى ٦٠ في المائة. في عام ١٩٠٠ ، كان ١٣ في المائة فقط من سكان العالم يعيشون في المدن. انظر
United Nations Population Division, *World Urbanization Prospects: The 2005 Revision.*

جيدًا جدًا. [63] وحتى اليوم ، تُعرَف القرى والمدن الصغيرة بأنها أماكن يعرف فيها الجميع كل أمور الآخرين. هذا هو الحال خاصة عندما يتعلق الأمر بالعلاقات. في مثل هذه الحالات ، يتعين على النساء الحذر الشديد بشأن سمعتهن؛ يمكن للشائعات عن الاختلاط الجنسي أن تقلل بشدة من قدرة المرأة على العثور على زوج (أو الاحتفاظ به).

الوضع في المدن الكبرى مختلف تمامًا. تجعل الغفلية * التي توفرها المدينةُ المرأةَ أكثر قدرة على استخدام إستراتيجية إنجابية قصيرة الأجل دون التعرض لأية عواقب طويلة الأجل. من المرجح أن يتم اكتشاف المرأة التي تمارس علاقات قصيرة الأجل في قرية صغيرة. من ناحية أخرى ، فإن فرصة اكتشاف المرأة في المدينة أقل بكثير. وحتى إذا عرف الأشخاص من حولها سلوكها ، فإن قدرتها على الحصول على رفيق طويل الأمد لا تتعرض بالضرورة للخطر. يمكن للمرأة في المدينة أن تفرّ بسهولة من السمعة السيئة بمجرد مقابلة أشخاص جدد. توفِّر الضواحي أيضًا الكثير من الغفلية، حيث أن الناس في كثير من الأحيان بالكاد يعرفون

―――――――――――

* الغفلية تعني حالة البقاء مجهولًا للآخرين. (المترجم)

جيرانهم.* ميل الحياة في المدينة إلى إضعاف الأعراف الجنسية التقليدية ، هو ظاهرة معروفة جيدًا. أثناء مناقشة سقوط روما ، كتب الفيلسوف ويل ديورانت ما يلي :

> ضاعف الازدحام الحضري من الاتصال بين الناس بينما أحبط المراقبة ؛ لقد جمعت الهجرة مئة ثقافة ، وحولّت اختلافاتُها نفسَها إلى اللا مبالاة. تم تخفيض المعايير الأخلاقية والجمالية بسبب جاذبية الجماعات ؛ وتجاوز الجنس كل حد في الحرية بينما تراجعت الحرية السياسية.[64]

## منع الحمل

النتيجة السلبية الأكثر وضوحًا بالنسبة للنساء اللاتي يستخدمن إستراتيجيات قصيرة الأجل هي الحمل دون التزام طويل الأمد من قِبل الرجل. عادة ما تجد مثل هؤلاء النساء صعوبة أكبر بكثير في تربية أطفالهن. علاوة على

---

* من المفارقات أن التحضر في مراحله الأولية (تبنّي مجموعات الصيادين والجامعين أنماطَ الحياة المستقرة) لعب دورًا مهمًا في تشكيل المناخات الإنجابية طويلة المدى التي سادت في جميع أنحاء العالم حتى وقت قريب نسبيًا. كانت المستوطنات الصغيرة الثابتة تجعل من الصعب على النساء استخدام إستراتيجيات قصيرة الأجل دون اكتشافهن ، وكان من الممكن للرجال القدرة على مراقبة شريكاتهم وعزلهن إلى درجة كانت مستحيلة في السابق. لمناقشة آثار الثورة الزراعية على العلاقة بين الرجل والمرأة ، انظر
Lerner, G., *The Creation of Patriarchy*. Also, see Smuts (1995).

ذلك ، يمكن أن يسبب إنجاب طفل خارج إطار الزواج ضررًا كبيرًا بمكانة المرأة الاجتماعية وجاذبيتها كزوجة، لا سيما في المناخات الإنجابية طويلة الأمد.\* من الواضح أن قدرة وسائل منع الحمل على تقليل احتمالية حدوث مثل هذه النتائج غير المرغوب فيها ، تترك للأشخاص دافعًا أقل لتأخير الإشباع الجنسي.[65] \*\*

منع الحمل ليس بأي حال من الأحوال اختراعًا جديدًا. إلى جانب الأساليب التقليدية مثل العزل ، تم استخدام العديد من الجرعات والسدادات لآلاف السنين.\*\*\* ومع ذلك ، فإن طرق منع الحمل الفعالة والموثوقة والمتاحة بسهولة لم تنتشر على نطاق واسع في الولايات المتحدة حتى النصف الأول من القرن العشرين. بلغت هذه العملية ذروتها مع تطوير حبوب منع الحمل واللولب الرحمي في أواخر الستينيات.[66]

يوضح استخدام الناس وسائلَ منع الحمل ــ على

_____

\* يمكن قول الشيء نفسه عن الرجال ، على الرغم من أن هذا دائمًا يكون بدرجة أقل.

\*\* تقلل بعض أشكال منع الحمل أيضًا من احتمالية الإصابة بالأمراض المنقولة جنسيًا ، مما يزيد التقليل من مخاطر السلوكيات الجنسية قصيرة المدى.

\*\*\* على سبيل المثال ، تصف لفائف البردي من مصر القديمة سدادة لمنع الحمل مصنوعة جزئيًا من روث التمساح!

McLaren, A., _A History of Contraception_, 26-27.

الرغم من تأثيرها الضار على اللياقة الإنجابية - نقطة مهمة. التوقع بأن سلوك الحيوان (عمومًا) يعود بالنفع الإنجابي يكون صحيحًا فقط عندما يسكن الحيوان في البيئة التي صُمِّمَ فيها. غالبًا ما تؤدي البيئات الجديدة إلى سلوك لا فائدة منه أو حتى قد يكون ضارًا من وجهة نظر بيولوجية.[67] مثال ممتاز على هذه الظاهرة هو ميل البشر للاستمتاع بالأطعمة ذات المذاق الحلو. بالنسبة لأسلافنا الذين كانوا يعتمدون على الصيد والجمع ، كان هذا الميل يشجعهم على أكل الفاكهة الناضجة والمغذية. في العالم الحديث ، تساعد رغبتنا في الحلويات على انتشار وباء البدانة والمشاكل الصِحية مثل أمراض القلب والسكري.[68]

من الواضح أن البشر ليس لديهم رغبة واعية - لا يمكن كبْتها - في إنجاب أكبر عدد ممكن من الأطفال. ومع ذلك ، في بيئتنا الطبيعية الخالية من وسائل منع الحمل، لم تكن هذه الرغبة ضرورية. إن الرغبة في ممارسة الجنس، جنبًا إلى جنب مع غريزة الأبوة والأمومة القوية، هي كل ما كان مطلوبًا لضمان أن السلوك البشري يخدم هدف تعظيم اللياقة الإنجابية.

> صُمِّمْنا لنُحِبَّ الجنس ثم لنحب النتائج التي تتحقق بعد تسعة أشهر - وليس بالضرورة لنحب توقّع هذه النتائج ... فقط في أعقاب تكنولوجيا منع الحمل تَعثّر هذا التصميم.[69]

لا ينبغي أن يؤدي الاستخدام الواسع النطاق لوسائل

منع الحمل إلى التقليل من مدى الأثر العميق للاهتمامات الإنجابية على المجتمعات البشرية ، حتى في الوقت الحاضر. صحيح أن الناس غالبًا ما يقررون بوعي إبطال لياقتهم الإنجابية بوسائل منع الحمل. ومع ذلك ، فإن المحاولات اللا واعية لدى الناس لتحقيق أقصى قدر من اللياقة (عن طريق اختيار الشريك أو تبنِّي أحكام قيمية تتفق مع إستراتيجياتهم الإنجابية) تستمر بلا توقّف.

**وسائل الإعلام**

الآن لنأخذْ منعطفًا صغيرًا ونوجه انتباهنا إلى أفلام الرعب. يشعر الكثير من الناس الذين يشاهدون أفلام الرعب بالخوف الشديد ، لدرجة أنهم لا يتحملون أن يستمروا بالمشاهدة. يعرف أي شخص بالغ عقلاني أنه لا يوجد خطر وشيك وأن الأفراد في الفيلم مجرد ممثلون يؤدون أدوارهم. ولكن على الرغم من ذلك ، لا يمكن للناس إلا أن يخافوا. كيف يمكن أن يكون للفيلم مثل هذا التأثير؟

عندما يشعر الشخص أنه في خطر ، فإن الجهاز العصبي الودي يسبّب عددًا من التغيرات الجهازية ، بما في ذلك تسريع ضربات القلب ، وإطلاق الأدرينالين، وإعادة التوزيع التفضيلي لتدفق الدم إلى العضلات الهيكلية.[70] يشار إلى هذه التغيرات عادة باسم «استجابة الكر أو الفر».

يصبح السؤال بعد ذلك : كيف يقرر الناس أنهم في خطر؟ يتم السيطرة على هذه العملية عن طريق تفسير المحفزات الحسية. على سبيل المثال ، من المحتمل أن تؤدي رؤية شخص مريب في زقاق مظلم أو سماع خطوات في منزلكَ عندما لا يكون أحد سِواك بالمنزل إلى إطلاق الجهاز العصبي الودي. يحدث هذا الإطلاق أيضًا عند معظم الناس عندما يشاهدون أفلام الرعب. تدرك مراكز الدماغ العليا أن الفيلم مجرد تمثيل. ومع ذلك ، لا تستطيع أجزاء أخرى من الدماغ أن تميّز هذا ، فتفسر مَشاهد الفيلم على أنها تهديد خطير ، وبالتالي تقوم بما تعتقد أنه استجابة مناسبة. لا ينبغي أن يكون هذا مفاجئًا عندما نقدّر أن الأفلام لم تكن موجودة في الغالبية العظمى من الوجود البشري. إذا رأيتَ رجلًا مختلًا عقله يحمل فأسًا ، فهذا يعني أنك في خطر جسيم - ومن الأفضل لك أن تلتقط شيئًا لتقاومه أو تهرب كي تنجو بحياتك. إنه فقط في القرن الماضي أو نحو ذلك حيث تَمكّن الناس من رؤية صور وهْمية مثل هذه على شاشة أو في صندوق. نظرًا لأن مثل هذا الموقف لم يكن يحدث أبدًا ، يمكن أن يُفهَم عجز الدماغ عن العمل المناسب عند حدوثه.

* * * * * * * *

على نفس المنوال ، نوجه انتباهنا الآن إلى المواد الإباحية. قد يكون من الصعب على المرء اقتراح فائدة واحدة ملموسة يحصل عليها الرجل من مشاهدة المواد الإباحية. على الرغم من هذا ، فإن المواد الإباحية هي

صناعة ذات مليارات الدولارات. ما سبب هذا؟

كما يمكن أن يشعر الناس بالخوف عند مشاهدة أفلام الرعب ، يمكن أن يشعر الناس بالإثارة الجنسية عند مشاهدة المواد الإباحية. وسبب هذا ، مرة أخرى ، هو أن الدماغ إلى حد ما لا يدرك أن المحفزات الحسية التي قُدِّمت له ليس لها أي علاقة بالواقع ، وهذا الوضع يحثّه على القيام بما يعتقد أنه استجابة مناسبة. على مدار تاريخ البشرية ، كان يمكن للرجل الذي يكون وحده مع امرأة عارية تعطيه نظرة مغرية أن يكون على يقين من أنه سيكون قادرًا على ممارسة الجنس. من الواضح أن الإثارة في مثل هذه الحالة لها أهمية بيولوجية قصوى. إن صناعة المواد الإباحية قادرة على الاستفادة من هذا الوضع ، والتلاعبِ برغبة الذكور في التكاثر من أجل المنفعة المالية.

ناقشنا سابقًا كيف يشكّل الناس إستراتيجياتهم الإنجابية بناءً على المناخ الإنجابي الذي يعيشون فيه. من الواضح أن اختيار الإستراتيجية الإنجابية الصحيحة مشروط بالحصول على فهم دقيق للمناخ الإنجابي السائد. بالعودة إلى المواد الإباحية ، يمكننا أن نلاحظ كيف أنها قادرة على إثارة الرجال من خلال خداع أدمغتهم إلى حد ما للاعتقاد بوجود امرأة متقبلة جنسيًا. لذلك ، من الممكن أن يكون للمواد الإباحية أيضًا القدرة على التأثير على المدى الطويل على مُشاهديها ، بالتقديم للدماغ معلومات خاطئة يستخدمها بعد ذلك للتوصّل إلى تقدير غير دقيق للمناخ

الإنجابي السائد.[71]

إن كانت للمواد الإباحية قدرة التأثير على إمكانية الرجال في تحديد المناخ الإنجابي الذي يعيشون فيه ، فمن المتوقع أن تكون حافزًا قويًا لتبنِّي الإستراتيجيات الإنجابية قصيرة الأمد.* من الممكن أن يُتصوَّر اعتقادات الدماغ الذكري الذي ينخدع إلى حد ما بأن الصور الإباحية التي يشاهدها هي نساء فعليات في نفس مكان المُشاهِد. «انظر إلى هذا! هذه المرأة تشتهيني. وقد التقيتُ بها للتو. لم يكن عليَّ التعرف عليها على الإطلاق! وهي ليست الوحيدة. العشرات من النساء الأخريات تصرّفْنَ بنفس الطريقة.»

عند مناقشة المواد الإباحية ، فقد قمنا حتى الآن باستخدام تعريف الشخص العادي لها. ومع ذلك ، فإن هذا التعريف تعسفي جدًا. إن القول بأن صورة امرأة عارية بنسبة مئة في المائة هي صورة إباحية ، ولكن صورة امرأة عارية بنسبة ٩٠ في المائة ليست إباحية ، هو أمر سخيف إلى حد ما. التعريف الأكثر شمولًا للمواد الإباحية هو كالتالي : محفزات حسية مصمَّمة لإحداث الإثارة الجنسية عند المُشاهد. بموجب هذا التعريف ، تشغل أجزاء كبيرة من الصور في وسائل الإعلام الحالية مكانًا على الطيف الإباحي. سواء كان ذلك من المشجعات

---

* أظهرت دراسة علمية أن الرجال صنّفوا أنفسَهم على أنهم أقل حبًا لزوجاتهم بعد مشاهدة الصور الإباحية في المجلات. انظر
Kenrick, Gutierres, and Goldberg (1989).

في الأحداث الرياضية ، أو العارضات على اللوحات الإعلانية ، أو الأغنيات المصورة ، فإن الصبيان الذين يكبرون اليوم يُغمَرون بشكل مستمر بكميات كبيرة من المحفزات التي تقول لهم أنهم يعيشون في عالم مليء بنساء يفضلن الاختلاط الجنسي ، واللواتي يمكن الوصول إليهن.

طبعًا تتعرض النساء لهذه الصور أيضًا. ومن المرجح أن يفكر أي دماغ أنثوي يراقب كل هذا : «مع وجود هذه الكثرة من النساء الجذابات واللواتي يفضلن الاختلاط الجنسي ، فإن احتمال العثور على رجال مرغوب فيهم ـ يقدمون التزامات طويلة الأجل ـ يجب أن يكون ضئيلًا للغاية.» وبالتالي ، يمكننا أن نتوقع أن وسائل الإعلام الحديثة سوف تحثّ الرجال والنساء على حد سواء على تبنِّي إستراتيجيات إنجابية قصيرة الأمد ، مما يؤدّي في النهاية إلى مناخ إنجابي أكثر قصرًا بطبيعته.

\* \* \* \* \* \* \* \*

من المتوقع أن تكون وسائل الإعلام ذات ميول إنجابية قصيرة الأمد. الإثارة الجنسية لدى الرجال تعتمد بشكل كبير على المحفزات البصرية ، وهذا الأمر يكون حافزًا قويًا لغمر وسائل الإعلام بالصور قصيرة الأمد. من خلال عرض نساء جميلات يرتدين ملابس كاشفة ، يقدم المبرمجون والمعلنون دافعًا قويًا للرجال ليستمروا في المشاهدة.

في السابق ، أنشأنا قرية خيالية حيث استطاعت المرأة (أ) - من خلال التلبية الرقيقة لاحتياجات الرجال قصيرة الأمد - جذبَ انتباه الرجال لفائدتها الإنجابية. عملية مماثلة تحدث بين وسائل الإعلام والمجتمع. من خلال عرض النساء بطريقة تُلبّي احتياجات الرجال قصيرة الأمد ، يستطيع المبرمجون جذب المزيد من المشاهدين ويستطيع المعلنون جذب المزيد من العملاء لفائدتهم المالية.

ناقشنا أيضًا كيف كان يجب على المرأة (أ) التأكد من أنها لم تُلبِّ بقوة مفرطة احتياجات الرجال قصيرة الأمد ، لأن القيام بذلك ربما يؤدّي إلى احتقارها من قِبل الرجال (الذين كان من الممكن أن ينظروا إليها على أنها لا تقدم درجة كافية من ثقة الأبوة) والنساء (اللواتي يمكن أن يشعرن بالاستياء منها لإيذائها فرصَهنّ في الحصول على التزام من رجل مرغوب فيه). يجب أن تكون وسائل الإعلام ، خاصة وسائل الإعلام الرئيسية ، حذرة أيضًا من المشاعر الإنجابية طويلة الأمد لمُشاهديها. إنّ عرضَ المحتوى الذي هو أكثر قصرًا بكثير من المناخ الإنجابي السائد قد يسبّب إزعاج المشاهدين ، مما يؤدي إلى رد فعل

عنيف أو حتى مقاطعة المبرمجين والمعلنين المسؤولين.*

ثم وجهنا انتباهنا إلى المرأة (ب) ، التي كان عليها أن تقدم نداءًا أكثر قصرًا لجذب الانتباه الذي حصلت عليه المرأة (أ) سابقًا باستخدام وسائل أكثر تحفظًا. بالعودة إلى وسائل الإعلام ، فإن المنافسة الشرسة بين الشبكات التلفزيونية والمعلنين والمجلات وما إلى ذلك تخلق حافزًا قويًا بمرور الوقت لتَجاوُز الحدود الحالية وللتغلّب على المنافسين من خلال تقديم القدر الأكبر من المحتوى قصير الأجل ، دون الوقوع في خطر إزعاج الأحاسيس طويلة الأجل للمشاهدين.

* * * * * * * *

في الختام ، فإن السلوكيات التي يستخدمها الأفراد في مجتمع معيّن لتعظيم لياقتهم تؤدّي إلى تكوين المناخ الإنجابي لذلك المجتمع. هذا المناخ الإنجابي يشكّل بدوره العقليات الإنجابية للأفراد في الجيل التالي. مع تقدُّم البشر من الناحية التكنولوجية ، يبدو أن المناخات الإنجابية

---

* مثال رئيسي على هذه الظاهرة هو ما حدث بعد عرض برنامج (سوبر بول) في عام ٢٠٠٤ ، حيث كشفت المغنية (جانيت جاكسون) - للحظة - أحد ثدييها بعد أدائِها. أشعل هذا عاصفة من الانتقادات وأدى إلى أكثر من ٥٤٢ ألف شكوى إلى لجنة الاتصالات الاتحادية ، والتي فرضت بعد ذلك غرامة ٥٥٠ ألف دولار على الشبكة المسؤولة. انظر *BBC News*, Nov. 9, 2004.

تتكوّن بشكل متزايد من خلال قُوى لم تكن موجودة في البيئات التي صُمِمَت فيها آليات الدماغ لتعظيم اللياقة الإنجابية. ومع ذلك ، فإن تنوّع المواقف والسلوكيات المتعلقة بالتكاثر التي لوحظت بين ثقافات مختلفة هو في النهاية نتيجة لقدرة البشر على تكييف إستراتيجياتهم الإنجابية لتُناسب الظروفَ المحلية.

# الفصل الثالث

# المرأة والإسلام

يعتقد الناس في الغرب عمومًا أن حياة النساء في البلدان غير الغربية مقيَّدة من قِبل المجتمعات البطريركية التي غالبًا ما تكون وجهات نظرها تجاه المرأة متخلّفة وغير متنورة. يتم تطبيق هذا الرأي بشكل خاص على النساء المسلمات ، اللواتي يُعتبرْن عمومًا أكثر النساء اضطهادًا على وجه الأرض. يعتقد الكثيرون أن مصدر هذا الاضطهاد هو الإسلام وتعاليمه المعادية للمرأة. في المقابل ، يجادل المسلمون في كثير من الأحيان بأن الإسلام يرفع مكانة المرأة. لماذا ترى مجموعات مختلفة نفس الموقف بشكل مختلف تمامًا ؟

يستلزم تعظيم اللياقة الإنجابية تبنِّي سلوكيات معيّنة تعتمد على المناخ الإنجابي السائد. قد يكون للسلوك المثالي في مناخ ما عواقبَ وخيمة في مناخ آخر. لذلك ، يميل

الناس إلى استحسان السلوكيات التي تعود بالنفع الإنجابي في المناخ الذي يعيشون فيه ، بينما يجدون السلوكيات الضارة إنجابيًا بغيضة. هذا يقود الناس إلى رؤية الثقافات الأخرى من خلال منظور مناخاتهم الإنجابية.

بالنسبة للعديد من الغربيين ، يُعتبَر الحجاب دليلًا كافيًا على كراهية الإسلام للنساء. ومع ذلك ، فإن العديد من الراهبات يرتدين ملابس مماثلة للحجاب ولا يُنظَر إليهن على أنهنّ مضطهدات. في الواقع ، كانت النساء عمومًا يرتدين ملابس شبيهة بالحجاب في جزء كبير من التاريخ الأمريكي. حتى في هذه الأيام ، يرتدي الرجال الذين يذهبون إلى العمل عادة ملابس تكشف عن رؤوسهم وأيديهم فقط. بعد إضافة غطاء الرأس ، هل تصبح هذه الملابس شيئًا شنيعًا؟ قد يبدو أن المنطق الموضوعي يقول لا ، ولكن المنطق الموضوعي ليس هو الأساس الذي يعتمد عليه الناس في تشكيل آرائهم حول مسألة كهذه.

تتشكل مواقف الناس تجاه ملابس النساء من خلال المناخات الإنجابية التي يعيشون فيها. في مناخ إنجابي طويل الأمد ، تستفيد النساء من ارتداء الملابس التي تعلن عن ثقة الأبوة. هذا يستلزم ارتداء الملابس المتحفظة. صُمِّمت النساء لتقديم أنفسهن بالطريقة التي تناسب اهتماماتهن الإنجابية. لذلك ، فإن النساء في مناخ إنجابي طويل الأمد سيعتقدْنَ أن التواضع هو فضيلة مهمة. سوف ينظرن أيضًا إلى الكشف عن أجسادهن في الأماكن العامة على أنه أمر مبتذل ومهين. من غير المرجح أن تظن النساء

اللاتي يعشن في مكان ترتدي فيه جميع النساء الأخريات الحجابَ ، أن ارتداءه أمر جائر. على العكس من ذلك ، من المرجح أن تعتقد هؤلاء النساء أن النساء الغربيات هن المضطهدات ، لأنهن يشعرن بأنهن مضطرات إلى وضع المكياج وارتداء الملابس الكاشفة حتى يُلفِتن الانتباه ، ويحكم على أجسادهن جميع الرجال الذين يرونهن.

بالنسبة للنساء في مناخ قصير الأمد ، فإن الوضع مختلف. تقوم مثل هؤلاء النساء بتعظيم لياقتهن من خلال الإعلان عن القابلية الجنسية والحاجة المنخفضة من الالتزام. من المرجح أن يؤدي ارتداء الملابس الأكثر تحفظًا إلى إبعاد الرجال ، حيث يشير ذلك إلى الرغبة في الالتزام طويل الأمد الذي ينفر الرجال الذين يتبعون إستراتيجيات قصيرة الأمد منه. من غير المحتمل أن يُنظَر إلى ارتداء الملابس الكاشفة في هذه الحالة على أنه مبتذل. على العكس من ذلك ، فإن كشف الجسد يصبح تعبيرًا صحيًا عن الأنوثة والجنسانية. في النهاية ، الجسم شيء طبيعي وجميل. لماذا ينبغي أن تخجل المرأة منه؟

غالبًا ما يُنظَر إلى الطريقة التي تتزوج بها النساء المسلمات على أنها قمعية. على مر التاريخ ، عادة ما تتزوج المسلمات في عمر المراهقة. الرجال ، الذين لا يتزوجون عادة حتى يصبحوا مستقرين من الناحية المالية،

غالبًا ما يكونون أكبر سِنًا بشكل ملحوظ.* تميل النساء في الغرب إلى اعتبار هذا الوضع بغيضًا ، حيث ينظرن إلى زواج المرأة في سن مبكرة على أنه وسيلة الرجال للسيطرة على النساء وتشكيلهن حسب رغباتهم.

في أي سن ينبغي أن تتزوج المرأة؟ الجواب يعتمد على المناخ الإنجابي السائد. في مجتمع لا تحدث فيه العلاقات عمومًا خارج نطاق الزواج ، يُجبَر الرجال على تقديم الالتزام من أجل الحصول على شريكة. يمكن أن نتوقع من هؤلاء الرجال أن يجعلوا هذا الوضع غير المثالي مفيدًا للتكاثر قدرَ الإمكان. هذا يستلزم البحث عن النساء اللاتي يقدّمنَ إمكانية إنجاب عدد أكبر من الأطفال على مدار العلاقة. لذلك ، عند المرأة البالغة من العمر سبعة عشر عامًا منفعة طويلة الأمد أكبر بكثير من التي بلغت من العمر سبعة وعشرين عامًا ، حيث من المحتمل أن تكون قادرة على إنجاب عدد أكبر من الأطفال في المستقبل ، بالمقارنة مع نظيرتها الأكبر سنًا. فليس من المستغرب أن يركز الرجال في المناخات الإنجابية طويلة الأمد بشكل كبير على شباب المرأة ، ويفضلوا النساء اللاتي ما زال أمامهن معظم سنوات الإنجاب. في مثل هذا المناخ ، من المتوقع أن ترغب المرأة بالزواج في سن مبكرة ، حيث أن الزواج عندما تكون أكثر جاذبية للرجال يمنحها أفضل فرصة للزواج من رجل مرغوب فيه.

* طبعًا ، لا يقتصر هذا الوضع على المسلمين ؛ بل يمكن ملاحظته في أجزاء كثيرة من العالم.

في مناخ قصير الأمد ، تقِلّ احتمالية الالتزام من الرجال. هذا ينطبق بشكل خاص على الرجال المرغوب فيهم ، الذين هم أكثر قدرة على الانخراط في علاقات قصيرة الأمد. لذلك ، غالبًا ما يكون في مصلحة النساء في مناخات قصيرة الأمد أن يقضينَ سنوات الخصوبة الرئيسية في اتباع إستراتيجية قصيرة الأمد. يمكن للمرأة بعد ذلك الاستفادةُ مما يبقى من الشباب والخصوبة لمحاولة الحصول على التزام طويل الأمد عندما تكبر.

فكلما أصبح المناخ الإنجابي أكثر قصرًا ، كلما زاد نفور النساء من الزواج المبكر. يُعتبَر زواج المرأة في أوائل العشرينات من عمرها أمرًا غريبًا ؛ يصبح الزواج في سن المراهقة المتأخرة أمرًا مثيرًا للاشمئزاز. في النهاية ، كيف يمكن أن يُتوقع من امرأة شابة أن تكون ناضجة بما يكفي لاتخاذ مثل هذا القرار المغيِّر للحياة؟ الشباب هو الوقت المناسب للاستمتاع والتركيز

على الحياة المهنية ، وليس لتحمّل مسؤوليات الاستقرار.*

الرجال في المناخات الإنجابية قصيرة الأمد لا يضعون نفس الأهمية على الشباب كما يفعل الرجال في المناخات الإنجابية طويلة الأمد. غالبًا ما يُنظَر إلى ذلك الأمر على أنه نوع من التنوير ، حيث يبدو أن هؤلاء الرجال يركزون أكثر على المرأة نفسها بدلًا من قدرتها على إنجاب الأطفال. ومع ذلك ، فإن السبب الحقيقي الذي يجعل الرجال في المناخات قصيرة الأمد لا يضعون نفس الأهمية على الشباب هو أن لديهم أسباب أقل للاهتمام بشأن المنفعة الإنجابية طويلة الأمد. بدلًا من التركيز على المنفعة الإنجابية طويلة الأمد ، فإن الرجال الذين يتبعون إستراتيجيات قصيرة الأمد يهتمون أكثر بعلامات الخصوبة الفورية.[72] على سبيل المثال ، الفرق بين امرأة بلغت من العمر عشرين عامًا وامرأة بلغت من العمر ثلاثين عامًا

* السن الذي ينبغي أن تتزوج فيه الابنة هو مصدر الكثير من الخلافات في العديد من الأسر التي هاجرت من أماكن ذات مناخات إنجابية طويلة الأمد. بسبب فهمهم مدى الأهمية للمرأة أن تقدم مستوى عالي من المنفعة الإنجابية طويلة الأمد في مناخ طويل الأمد ، غالبًا ما يبدأ الوالدان ذوو النوايا الحسنة (بالتشجيع من الأقارب وأصدقاء العائلة) بمضايقة بناتهم بدون توقّف للإسراع بالزواج. ومع ذلك ، فإن البنات ، اللواتي إستراتيجياتهن الإنجابية ، جزئيًا ، انعكاس للمجتمع الذي نشأنَ فيه ، غالبًا ما يُصررْنَ على تأجيل الزواج. لسوء الحظ ، عندما توافق العديد من هؤلاء البنات - أخيرًا - على البحث بجِدّية عن الزوج ، غالبًا ما يجدن أنهن قد استخففن بأهمية الشباب للخاطبين المحتملين في ثقافتهن ، مما يجعل سعيهنّ للعثور على الزوج أكثر صعوبة بكثير.

- من حيث المنفعة الإنجابية طويلة الأمد ـ كبير جدًا. لذلك سيفضّل الرجال ذوو العقلية الإنجابية طويلة الأمد المرأةَ الأولى. ومع ذلك ، فيما يتعلق بالخصوبة الفورية ، فإن المرأتين متساويتان تقريبًا. لذلك ، فإن الرجال الذين لا ينوون البقاء لفترة طويلة لديهم سبب ضئيل لتفضيل إحداهما على الأخرى.

هناك جانب آخر للثقافة الإسلامية يجده الغربيون غريبًا جدًا وينظرون إليه بعين الاحتقار ، وهو أن الزيجات الإسلامية عادة ما تكون مدبّرة. عادة ما يتم ترتيب تعارف الرجال والنساء من خلال عائلاتهم ، وغالبًا ما يعرض الأصدقاء والأقارب مساعدتهم في وساطة الزواج. بالنسبة للغربيين ، فإن مقدار التدخل الخارجي لإيجاد شريك في هذا النظام غريب للغاية. لماذا توجد مثل هذه العادة؟

سنبدأ محاولتنا للإجابة على هذا السؤال باقتباس بعض الأبيات من إحدى أغنيات الراحل توباك شكور. في هذه القصيدة التي تمجّد عقليته الإنجابية قصيرة الأمد ، يقول شكور :

أنتِ لا تعرفينني ، لقد قابلتِني للتو ، ولن تسمحي لي ، حسنًا ، إذا لم أستطع الحصول عليه (يقصد الجنس) ، أيها الأرنب السخيف ، فلماذا غازلتِني؟

ومع ذلك ، فإن البيت السابق في نفس الأغنية مثير جدًا للاهتمام :

ولا أعرف السبب ، ولكن حبيبتكَ تتصل بي باستمرار!
تخبرني أنها بحاجة إليّ ، وتبكي عندما تتركني ،
وفي كل مرّة تراني ، تعانقني ، يا سيدة ، تمهّلي!
أكره أن أبدو دنيئًا ، ولكن أثيريني ، لا أريده إذا كان بهذه السهولة![73]

في البداية ، يبدو أن البيتين يتناقضان مع بعضهما البعض. في لحظة واحدة ، أعرب شكور عن انزعاجه من امرأة كانت لسبب غريب تدع حقيقة أنهما التقيا للتو تثنيها عن ممارسة الجنس معه. ولكن بعد ذلك ينزعج أيضًا عندما ترمي امرأة بنفسها عليه ، رافضًا ذلك «إذا كان بهذه السهولة». ما هي المشكلة؟

توضح الأبيات السابقة بضع نقاط مهمة. أولها أن السعي وراء الفوائد الإنجابية قصيرة الأمد (القدرة على ممارسة الجنس بسرعة ودون التزام) والسعي وراء الفوائد الإنجابية طويلة الأمد (الحصول على درجة عالية من ثقة الأبوة) ليسا مسعيين متناقضين. سيركز الرجل الذي يتبع إستراتيجية إنجابية قصيرة الأمد في المقام الأول على الفوائد الإنجابية قصيرة الأمد ، ولكن هذا لا يعني أنه سيتم تجاهل الاحتياجات الإنجابية طويلة الأمد تمامًا. على سبيل المثال ، يؤدي سعي شكور لإستراتيجية قصيرة الأمد إلى انزعاجه من المرأة التي لم تستسلم بسرعة لطلباته الجنسية. ومع ذلك ، كان لا يزال يريد على الأقل بعض التأكيد على ثقة الأبوة ، والذي تجلى في

انزعاجه من النساء اللواتي ألقين بأنفسهن عليه. بعبارة أخرى ، ينبغي على المرأة أن تستسلم بسرعة ، ولكن على الأقل أن تقاوم طلبات الرجل لوقت قليل لتُطمئِنه بأنها لا تفضّل الاختلاط الجنسي إلى حد شديد الإفراط.

توضح الأبيات أنه من مصلحة المرأة إظهار درجة من ضبط النفس عند مواجهة طلبات الرجل ، حتى عندما يتّبع ذلك الرجل إستراتيجية قصيرة الأمد. طبعًا ، كلما تصبح الإستراتيجيات الإنجابية لدى الرجال أكثر طولًا بطبيعتها، كلما تصبح الحاجة إلى إظهار ضبط النفس أكثر أهمية. في مناخ إنجابي طويل الأمد ، قد تثير المرأة - التي تُظهِر الاهتمام بطلبات الرجل - المخاوف بملاءمتها كشريكة طويلة الأمد. هذا يمكن أن يضع المرأة في موقف خاسر لا مفر منه. إما أن ترفض طلبات أي رجل تمامًا وأن تعرّض نفسها لخطر الوحدة ، وإما أن تستجيب لطلبات الرجل وتعرّض نفسها لخطر النظر إليها على أنها تقدم قدرًا غير كافٍ من ثقة الأبوة.

يواجه الرجال في المناخات الإنجابية طويلة الأمد مشكلة مماثلة. الاقتراب بجرأة من امرأة وقول الأشياء التي قد ترغب في سماعها ، محاولةً لبدء علاقة ، هو مهارة مهمة للرجل في مناخ إنجابي قصير الأمد. ومع ذلك ، فإن نفس التكتيكات عند التعامل مع النساء اللواتي يتبعن إستراتيجيات إنجابية طويلة الأمد - من المرجّح أن تؤدي إلى نتائج عكسية للغاية. من المحتمل أن تشعر مثل هؤلاء النساء بالإهانة عند الاقتراب منهن بطريقة تشير

إلى أن الرجل يحاول بدء علاقة قصيرة الأمد معهن. علاوة على ذلك ، قد تنبِّه جرأةُ الرجل المرأةَ التي تبحث عن التزام طويل الأمد بأن الرجل من المرجّح أن يتبع إستراتيجية قصيرة الأمد ، وبالتالي ينبغي تَجنّبُه. في مناخ طويل الأمد ، يفيد الخجل كلًا من الرجال والنساء عند التعامل مع الجنس الآخر.

من الواضح أن مثل هذا الموقف يجعل تكوين علاقات جديدة أمرًا صعبًا للغاية. تقدم الزيجات المدبّرة حلًا لهذه المشكلة. بدلًا من التدخّل المتطفّل ، يلعب وسطاء الزواج دورًا لازمًا في الجمع بين الأزواج الذين تعمل إستراتيجياتهم الإنجابية طويلة الأمد كعائق أمام بدء علاقة بأنفسهم. الآباء غالبًا ما يلعبون دورًا أساسيًا في هذه العملية. هذا الأمر متوقع ، حيث إن مساعدة أطفالهم في العثور على أفضل رفقاء ممكنين لا تعزّز النجاح الإنجابي لأطفالهم فحسب ، بل تعزّز نجاحهم الإنجابي أيضًا.*

سبب آخر للرأي بأن النساء المسلمات مضطهدات هو دورهن في المجتمع. تقليديًا ، كانت معظم النساء المسلمات ربات بيوت ، يقضينَ معظم وقتهن في إدارة وتربية أسرهن. على الرغم من وجود وضعٍ مماثل في

* ومع ذلك ، يمكن أن تنشأ ظروف حيث تكون للوالدين اهتمامات أخرى بخلاف ما هو الأفضل تمامًا لأولادهما عندما يتعلق الأمر بزواجهم. انظر Trivers (1974).

المجتمعات الغربية حتى وقت قريب نسبيًا ، فقد حدث تغيير ملحوظ في التفكير على مدى بضع أجيال. غالبًا ما يُنظَر الآن إلى كون «مجرد ربة منزل» على أنه أسلوب حياة مملّ وغير مُرْض. النموذج الأنثوي الجديد هو المرأة العاملة التي تمكنت من التوفيق بين المهنة والأسرة في نفس الوقت.

أسباب متعددة تفسّر التغيير في مواقف المرأة تجاه الحصول على المهنة. على سبيل المثال ، عمل ربة المنزل هو أقل استهلاكًا للوقت مما كان عليه في الماضي، وذلك بفضل الأجهزة الحديثة. يضمن الصرف الصحي والطب الحديث بقاء غالبية الأطفال على قيد الحياة ، كما أن وسائل منع الحمل تقلل من حالات الحمل. لذلك ، فإن النساء في العصر الحديث يربّينَ أطفالهن لجزء أقل من الوقت بالمقارنة مع الأجيال الماضية. علاوة على ذلك، فإن تفكك التجمعات الاجتماعية التقليدية - حيث تؤدي النساء مهامّهن اليومية مع نساء أخريات - يجعل الحياة المنزلية الحديثة أكثر وحدة وانعزالًا.[74]

ومع ذلك ، فإن أحد العوامل الذي كثيرًا ما يتم تجاهله في مدى الأهمية التي تولّيها المرأة لمهنتها هو المناخ الإنجابي السائد. في مناخ طويل الأمد ، تتضاءل حاجة النساء إلى كسب المال ، حيث يُتوقَع من الرجال إعالة أسرهم. كلما أصبح المناخ الإنجابي أكثر قصرًا، كلما قلّتْ إمكانية الاعتماد على الرجال ، مما يجعل الاستقلال الاقتصادي أمرًا مهمًا للغاية للنساء. لذلك ، تضع النساء

في المناخات قصيرة الأمد قيمة كبيرة على حياتهن المهنية، ويشعرنَ بالشفقة على النساء اللاتي لا يتمتعنَ بنفس الفرص. تميل النساء في المناخات طويلة الأمد إلى رؤية هذا الوضع بشكل مختلف. غالبًا ما تكون مثل هؤلاء النساء مسرورات لأن أزواجهن يوفّرون لهن الفرصة للبقاء في المنزل والعناية المناسبة بأطفالهن ، ويشفقن على النساء اللاتي يُجبَرن على لعب دور العائل والقائم على رعاية الأطفال في نفس الوقت.

* * * * * * * *

حتى الآن ، كنا نناقش كيف يمكن أن يُعزَى بعض الاضطهاد المُدّعَى للمرأة المسلمة إلى مشاهدة سلوكيات متعددة مفيدة في مناخ طويل الأمد من خلال منظور عقلية إنجابية أكثر قصرًا. ومع ذلك ، لا يبدو أن هذه الظاهرة تفسر سبب افتقار العديد من النساء المسلمات إلى الحريات الأساسية التي تعتبرها الآن معظم النساء الأخريات في العالم أمرًا مفروغًا منه. إن معدلات الأميّة المرتفعة وعدم القدرة على لعب دور ذي معنى في المجتمع خارج المنزل ليست سوى بضع العقبات التي تواجهها ملايين النساء المسلمات. ما سبب هذه الظاهرة ؟

في محاولة لتعظيم لياقتهم الإنجابية ، يواجه الرجال في أي مجتمع معضلة. من ناحية ، يتم تحقيق جزء من المثالية الإنجابية للذكور عندما يكون الرجال قادرين على

الاختلاط الجنسي. ومع ذلك ، فإن مِثل هذه العلاقات تقدم عمومًا درجة منخفضة من ثقة الأبوة ، والتي تشمل الجزء الآخر من المثالية الإنجابية للذكور. لسوء الحظ بالنسبة للرجال ، فإن الثمن الذي يجب عليهم دفعه من أجل جذب النساء اللواتي يقدمنَ درجة عالية من ثقة الأبوة هو الالتزام. سيجد مجتمع من الرجال أنه من الصعب للغاية تحقيق كلا الأمرين في نفس الوقت ، وبالتالي يُضطرون إلى حد ما إلى التركيز على جانب واحد من المثالية الإنجابية للذكور على حساب الآخر.

تعمل جوانب متعددة من الإسلام على تعزيز ظهور عقليات إنجابية طويلة الأمد لدى الرجال المسلمين. يحرم الإسلام الرجال من الدخول في علاقات جنسية غير ملتزمة ويطالب الرجال بالاعتناء باحتياجات زوجاتهم وأطفالهم. هذه الأوامر تمنع السعي وراء جزء كبير من المثالية الإنجابية للذكور. لذلك ، عادة ما يكون لدى الرجال المسلمين المتدينين طريق إنجابي واحد مفتوح لهم : السعي وراء ثقة الأبوة. ولا تعمل النساء اللواتي يرتدين الزي المحافظ مثل الحجاب إلا على تقوية تكوين العقليات طويلة الأمد لدى الرجال المسلمين ، مما يزيد من رغبتهم في درجة عالية من ثقة الأبوة.

بشكل عام ، تستفيد النساء عندما يركز الرجال على ثقة الأبوة ، حيث يزيد ذلك من احتمال تقديم الرجال التزامات طويلة الأمد ومشاركة ما لديهم مع أسرهم. ازدادت علل مجتمعية متعددة ، مثل الأمومة دون زواج

والتشييء الجنسي للنساء ، في الغرب عندما أصبحت المناخات الإنجابية الغربية أكثر قصرًا بطبيعتها. ومع ذلك ، عندما يتخلى الرجال عن السعي وراء السلوكيات الإنجابية قصيرة الأمد ، فإن النساء عرضة للمعاناة من مجموعة أخرى من المشاكل. تكون العقليات الإنجابية لدى معظم الرجال نوعًا من التسوية بين الحاجة إلى الاختلاط الجنسي والحاجة إلى ثقة الأبوة. عندما تُغلَق جميع الطرق إلى الاختلاط الجنسي ، لا يبقى هناك أي ثقل موازن لموازنة الرغبة في ثقة الأبوة ، وهذا الأمر قد يؤدي إلى انشغال الرجال بثقة الأبوة يمكن وصفُه بأنه متطرّف.

يمكن أن تُعزَى معظم العلل الاجتماعية التي تتعرض لها المرأة المسلمة إلى العقلية الإنجابية طويلة الأمد المتطرفة للعديد من الرجال المسلمين. على سبيل المثال ، تُجبَر النساء في بعض أجزاء العالم الإسلامي على إخفاء وجوههن تمامًا في الأماكن العامة.* لقد ناقشنا سابقًا كيف تحاول النساء ارتداء ملابس ذات جاذبية قصيرة الأمد كافية لجذب الرجل ، وفي نفس الوقت ، ذات جاذبية طويلة الأمد كافية للإعلان عن ثقة الأبوة. تعتمد الدرجة المعيّنة لتحفّظ ملابس النساء (أو كشفها) على المناخ الإنجابي السائد ؛ الملابس التي قد تكون أكثر تحفظًا في مناخ ما قد تكون أكثر كشفًا في مناخ آخر. كلما كان المناخ الإنجابي

_____

* تطالب المملكة العربية السعودية النساء السعوديات بارتداء النقاب في الأماكن العامة. النقاب كان مفروضًا أيضًا بموجب القانون في أفغانستان تحت حكم طالبان.

أكثر طولًا ، كلما يجب على النساء ارتداء ملابس أكثر تحفظًا. عندما يستخدم الرجال إستراتيجيات إنجابية طويلة الأمد متطرفة ، فإن الحاجة إلى الإعلان عن أي قابلية قصيرة الأمد تقترب من الصفر. في الواقع ، قد ينظر الرجال إلى المرأة التي فقط تُظهِر وجهها على أنها تقدم درجة منخفضة من ثقة الأبوة ، وهذا الأمر يصبح حافزًا للرجال ذوي التفكير المماثل لسَنّ قوانين تفرض على المرأة أن تكون مستترة تمامًا في الأماكن العامة.

أجرِيَت دراسة علمية طُلِب فيها من الأزواج عدم ممارسة الجنس لمدة متساوية من الوقت. خلال هذه المدة، فُصل الأزواج المختلفين لفترات مختلفة. بعد مرور الوقت المحدد ، استأنف الأزواج ممارسة الجنس وتم قياس عدد الحيوانات المنوية في السائل المنوي للرجال. والمثير للدهشة أن الرجال الذين انفصلوا عن شريكاتهم لفترات طويلة أنتجوا حيوانات منوية أكثر بكثير من الرجال الذين انفصلوا عن شريكاتهم لفترات قصيرة.[75] من المفترض أن هذه الزيادة في إنتاج الحيوانات المنوية تحدث لأن غياب المرأة هو تهديد لثقة الأبوة لدى الرجل ، حيث توجد احتمالية أن تكون المرأة قد مارست الجنس مع شخص آخر أثناء غيابها. من خلال زيادة إنتاج الحيوانات المنوية، يزيد الرجل من إمكانيته في إخصاب شريكته، حتى لو كان جهازها التناسلي يحتوي على حيوانات منوية من رجل آخر.

توضّح الفقرة السابقة كيف صُمّمَ الرجال للنظر إلى

غياب المرأة على أنه تهديد لثقة الأبوة. من المتوقع أن يبذل الرجال ـ الذين يكون تعظيم ثقة الأبوة هو اهتمامهم الإنجابي الوحيد ـ أقصى ما في وسعهم لتقليل هذا التهديد من خلال تقييد تحركات زوجاتهم. بعد أخذ ذلك بعين الاعتبار ، يمكن فهم وجود مجتمعات يصعب فيها على النساء المسلمات مغادرة منازلهن بدون إشراف ، أو عدم السماح لهن بقيادة السيارة.

تتحقق المثالية الإنجابية للمرأة من قِبل الرجل الذي يقدم جينات جيدة والتزامًا طويل الأمد وموارد وفيرة. ومع ذلك ، نظرًا لأن قلة من الرجال يقدمون كل هذه الأشياء بكميات مثالية ، فعادةً ما تكون التسوية ضرورية. أحد العوامل التي تحدد نوع الإستراتيجية الإنجابية التي ستتبعها المرأة هو قدرتها على الحصول على الموارد بمفردها. كلما كانت المرأة أكثر استقلالًا ، كلما زاد احتمال تركيزها على الدخول في علاقات مع رجال مرغوب فيهم للغاية ، حتى لو استلزم ذلك استخدام إستراتيجيات قصيرة الأمد مع رجال من غير المرجح أن يقدموا التزامًا. لذلك، فإن الاستقلال الاقتصادي للمرأة هو تهديد لثقة الأبوة، ومن المتوقع أن يرغب الرجال الذين لديهم عقليات إنجابية طويلة الأمد متطرفة في أن تعتمد النساء اعتمادًا كاملًا على الرجال للدعم المالي.

تتجلى حاجة الرجل إلى أن تكون المرأة غير مستقلة، في نواحٍ متنوعة في العديد من المجتمعات الإسلامية. غالبًا ما يتم تجاهل الأوامر الإسلامية التي تنص على حق

المرأة في امتلاك الممتلكات والمال ، وحق التصرف فيها كما تشاء. يمكن قول الشيء نفسه عن حق المرأة الإسلامي في الميراث.[76] غالبًا ما تكون قدرة المرأة المسلمة على الحصول على عمل ، مقيّدة. ونظرًا لأن التعليم العالي قد يصبح ضروريًا بشكل متزايد للعمل المربح ، فإن العقبات التي تواجه العديدَ من النساء المسلمات من أجل الحصول على التعليم ، ومعدلات الأمية المرتفعة بين العديد من النساء المسلمات ، لا ينبغي أن تكون أمرًا مفاجئًا.[77]

في السابق ، ناقشنا كيف أن العمر الذي تتزوج فيه النساء عمومًا في مجتمع معيّن هو مؤشر دقيق على المناخ الإنجابي السائد. كلما زاد تركيز الرجال على الفوائد الإنجابية طويلة الأمد ، كلما كان من مصلحة المرأة أن تتزوج في سن مبكرة. سيركز الرجال الذين يتبعون إستراتيجيات إنجابية طويلة الأمد متطرفة على إيجاد زوجات يقدّمنَ أعلى درجة من ثقة الأبوة والمنفعة الإنجابية طويلة الأمد ، حتى لو كان هذا يعني التخلي عن القيمة قصيرة الأمد (الخصوبة الفورية). لسوء الحظ ، فإن الوقت الذي تقدم فيه الأنثى أكبر قدر من هاتين الفائدتين هو وقت البلوغ أو قبله بقليل ، لأن احتمال أن تكون عذراء أمر مؤكد تقريبًا وأن حياتها الإنجابية بأكملها ما زالت أمامها. ينعكس هذا المنطق الإنجابي في ممارسة زواج الأطفال الموجودة في العديد من المجتمعات الإسلامية.[78]

صُمّم البشر ليشعروا أن السلوكيات المفيدة للتكاثر ممتعة. ربما يكون المثال الأكثر وضوحًا لهذه الظاهرة

هو كون الفعل الجنسي نفسه ممتعًا. يُستمَدّ الكثير من متعة الجنس من النهايات العصبية العديدة الموجودة في الأعضاء التناسلية لكلا الجنسين. البظر ، وهو المقابل الأنثوي للقضيب ، يتكون بشكل كبير من أنسجة انتصاب مجهّزة بالكثير من النهايات العصبية الحسية ، وهو يلعب دورًا مركزيًا في الإثارة الجنسية والوصول إلى هزة الجماع لدى النساء.*

لم يُصمَّم البشر ليحاولوا بوعي تعظيمَ لياقتهم الإنجابية. بدلًا من ذلك ، يعمل الناس عمومًا على تحقيق أقصى قدر من المتعة ، وتعظيم اللياقة بشكل عام يحدث نتيجةً لذلك. كلما وجد الشخص أن الجنس ممتع ، كلما زادت احتمالية سعيه لممارسة الجنس ـ حتى لو كان ذلك قد يؤدي إلى عواقب سلبية.

بالنسبة للرجال الذين لديهم عقلية إنجابية طويلة الأمد متطرفة ، فاعتبار النساء الجنسَ ممتعًا ، يمكن أن يُرى على أنه تهديد خطير لثقة الأبوة. من غير المرجح أن ترغب في ممارسة الجنس المرأةُ التي لا تستمتع بها ، خاصة مع شخص آخر غير زوجها. لماذا تخاطر المرأة بعواقب شديدة بالانخراط في نشاط لا تجده

---

\* في الواقع ، يُعتقد أن البظر هو العضو الوحيد ـ من بين أعضاء كلا الجنسين ـ الذي ليس له أي غرض آخر باستثناء المتعة الجنسية.

Kinsey et al., *Sexual Behavior in the Human Female*, 574-576. Marieb, E., *Human Anatomy & Physiology*, 1085. Masters, W. and V. Johnson, *Human Sexual Response*, 45.

ممتعًا؟ ومرة أخرى ، لا ينبغي أن يكون مفاجئًا أن يتم ختان الإناث عند بعض المسلمين ، وأنّ هذا الإجراء ينطوي على إزالة البظر جزئيًا أو كليًا.[79]

قبل أن تصبح المرأة زوجة بوقت طويل ، هي ابنة لزوجين. من المفترض أن يريد الآباء ما هو أفضل لبناتهم. لماذا غالبًا ما يكون الوالدان (بما في ذلك الأمهات) هم من يعارضون تعليم بناتهم أو يُخضِعونهن للختان - وهو إجراء يتم تنفيذه كثيرًا بطريقة وحشية تؤدي إلى مشاكل طبّية شديدة مدى الحياة؟[80] مرة أخرى ، الغرض البيولوجي من إنجاب الأطفال هو أنهم الوسيلة التي تنتقل بوساطتها الجيناتُ إلى الأجيال القادمة. سيقوم الآباء بتربية أطفالهم بالطريقة التي يعتقدون أنها ستعظّم لياقتهم الإنجابية (وبالتالي لياقتهم أنفسهم). إذا كان يُنظَر إلى النساء المتعلمات أو غير المختونات على أنهن يقدمنَ درجة منخفضة من ثقة الأبوة ، فمن المتوقع عندئذٍ أن يستوعب الوالدان هذه الضغوط المجتمعية ويتصرفون وفقًا لذلك ، من أجل ضمان أن تتمكن بناتهم من الزواج من أفضل الرجال المحتملين.*

* يُمارَس تشويه الأعضاء التناسلية الأنثوية في الغالب في إفريقيا. على الرغم من أن هذه الممارسة كانت متّبَعة منذ آلاف السنين وتوجد في العديد من المجتمعات الدينية ، إلا أنها مرتبطة الآن بشكل خاص بالإسلام. تشير التقديرات إلى أن ١٠٠ إلى ١٣٠ مليون امرأة قد أخضِعْن لهذه الإجراءات. انظر
Abusharaf (1998).

\* \* \* \* \* \* \* \*

ليس غير المسلمين وحدهم من يعترضون على وضع العديد من النساء المسلمات. يتّفق العديد من المسلمين على أن المرأة المسلمة كثيرًا ما تكون مضطهدة ، ولكنهم يعارضون الاعتقاد السائد بأن الإسلام هو مصدر هذا الاضطهاد. على العكس من ذلك ، يعتقد هؤلاء أن المصدر الحقيقي للمشكلة هو عصيان المسلمين وتشويههم العديدَ من تعاليم الإسلام. العبارة الشائعة هي «هناك فرق كبير بين المسلمين والإسلام.»

يتعارض العديد من الممارسات الموجودة في جميع أنحاء العالم الإسلامي بشكل مباشر مع الأوامر الإسلامية. من الأمثلة على ذلك عدمُ قدرة المسلمات على المطالبة بحصتهن المنصوص عليها في الميراث أو التصرف بحرية في ثرواتهن الشخصية. في مثل هذه الحالات ، تتّضح صحة عبارة «هناك فرق كبير بين المسلمين والإسلام.» لسوء الحظ ، عادة ما يكون الفرق بين المسلمين والإسلام أكثر غموضًا.

إن التفسير التفصيلي للشريعة الإسلامية هو خارج نطاق هذا الكتاب. ومع ذلك ، فإن المصدرين الرئيسيين للشريعة الإسلامية السنّية هما القرآن والسنة (الأقوال والأفعال المسجَّلة للنبي محمد).[81] تفسير السنة معقد بشكل خاص لمجموعة متنوعة من الأسباب. في البداية ، تتكون السنة النبوية من الآلاف من الأحاديث الموجودة في

مصنفات عديدة. علاوة على ذلك ، فإن صحة الحديث لا تؤْخَذ على أنها أمر مفروغ منه.* تم تطوير علوم إسلامية معقدة للحكم على صحة الحديث بناءً على نص الحديث وسلسلة الناقلين ، مع تدرجات تتراوح بين الحديث الذي لا جدال في صحته إلى ذلك الذي يُعتقَد أنه ملفّق.[82]

يواجه العلماء الذين يحاولون استنتاج الموقف الإسلامي في موضوع ما ، أسئلةً كثيرة. ماذا يقول القرآن عن هذه المسألة؟ كم عدد الأحاديث التي تتناول هذه القضية؟ عندما يبدو أن العديد من الأحاديث تقدم أدلة متضاربة حول مسألة معينة ، فكيف ينبغي أن يتم الترجيح بينها؟ ما صحة الحديث الذي يُستعمَل كدليل؟ هل النصيحة التي يقدمها الحديث يجب اتباعها في جميع الأوقات أم أنها موجهة إلى مجموعة معيّنة من الظروف؟ هل يجب أخذ الحديث حرفيًا أم مجازيًا؟** ليس من المستغرب أن تكون للعلماء في كثير من الأحيان آراء مختلفة حول قضية معينة ، وغالبًا ما يستخدمون نفس الحديث لدعم وجهات نظرهم المتعارضة.

على سبيل المثال ، رُوي عن النبي أنه قال: «لا تسافر المرأة إلا مع ذي محرم.»*** لماذا قال النبي هذا؟

---

* هذا على خلاف القرآن ، الذي يرى المسلمون أنه كلام الله ومحفوظ تمامًا من التحريف.

** القرضاوي ، *كيف نتعامل مع السنة النبوية* ، ٩٣-١٧١.

*** البخاري ، *صحيح البخاري* ، ٣٤٩.

يقول العالم الإسلامي الشهير يوسف القرضاوي أنّ السبب هو حماية المرأة من الأذى. غالبًا ما كان السفر في زمن الرسول يستلزم أسابيع من الوقت ، حيث قطعت فيها الجمال مسافات طويلة على أرض وعرة في حرارة شديدة. علاوة على ذلك ، فإن قطاع الطرق الذين كانوا يكمنون في كمين للمسافرين ، غالبًا ما جعلوا طرق السفر أكثر خطورة. المرأة التي سافرت بمفردها في مثل هذه الظروف كانت تعرّض نفسها لخطر كبير. ومع ذلك ، فإن السفر الحديث يستغرق وقتًا أقل بكثير ، وينطوي على القليل من المشقّة ، وهو أكثر أمانًا من السفر في الماضي. لذلك ، يرى القرضاوي أن سفر المرأة بمفردها في العصر الحديث مسموح به ، لأن سبب المنع لم يعد موجودًا.*

في كتابه «المرأة المسلمة» ، يقدم العالم الهندي أحمد بِمات تفسيرًا مختلفًا للحديث السابق. يكتب بِمات :

إلى جانب كونها ضعيفة جسديًا ، فإن المرأة أيضًا تعاني من النقص في الحكمة والدين. لا يمكنها السيطرة على مشاعرها. كونها مشبعة بالصفات المغناطيسية ، فإنها تجذب الرجال إليها. ولهذا نهى الرسول الكريم صلى الله عليه وسلم عن سفر المرأة بدون محرم. مُنعتْ من الذهاب حتى إلى الحج ، وهو فريضة كبيرة ، بلا محرم.[83]

---

* القرضاوي ، كيف نتعامل مع السنة النبوية ، ١٢٨-١٢٩.

من الممكن أنّ تفسير بِمات يشرح بدقة ما قصده الرسول ويوضّح بجلاء موقف الإسلام من طبيعة المرأة. ومع ذلك، يوجد احتمال آخر. قد ينبع رأي العديد من العلماء بأن المرأة ممنوعة من السفر بمفردها بسبب عدم الثقة الجنسية بها من العقلية الإنجابية التي تعتبر غياب المرأة تهديدًا غير مقبول لثقة الأبوة ، أكثر من كونه مجرد تفسير غير متحيّز لمصادر الشريعة الإسلامية.*

قبل مواصلة المناقشة الحالية ، نستشهد بمقتطف من كتاب عن الشريعة الإسلامية لمحمد هاشم كمالي :

> لا خلاف على حدوث التزوير الواسع في الحديث. قد أجمع علماء الحديث على هذا الأمر ، وقد ذهب بعضهم إلى حد التأكيد على أنه لا يوجد في أي فرع آخر من فروع العلوم الإسلامية الكثير من التزوير كما هو موجود في الحديث. إن وجود قدر كبير من المؤلفات للعلماء تحت عنوان «الموضوعات» ، يعني الأحاديث الملفّقة ، يشهد على التزوير الواسع النطاق في

* تشير الآراء الواردة في كتاب «المرأة المسلمة» باستمرار إلى انشغال الكاتب بثقة الأبوة. تحت عنوان «حرية المرأة ضارة بالرجل» ، يكتب بمات : «فيما يتعلق بالمرأة ، يكون التركيز الأكبر للإسلام على عفتها وتواضعها ونقائها ، حتى لا يكون هناك أي فساد في الأرض ولكي تساعد المرأةُ الرجلَ في تنشئة ذرية صالحة.»
Bemat, A., *The Muslim Woman*, Part II, 136.

هذا المجال.[84]

الاختلافات السياسية والطائفية واللاهوتية والفقهية التي ظهرت في الأجيال التي تلت وفاة النبي ، يُعتقَد أنها الأسباب الرئيسية لهذه الظاهرة.[85] *

هل كانت الاختلافات الإنجابية مصدرًا آخر للتشويه في الحديث؟ وبشكل أكثر تحديدًا ، هل يمكن أن يُعزَى وجود أحاديث معيّنة إلى محاولات الرجال - الذين لديهم عقليات إنجابية طويلة الأمد متطرفة - لاستغلال سلطة النبي لخدمة احتياجاتهم الإنجابية؟ على حد علمنا ، لم يناقش الفقهاء هذه المسألة بهذه الطريقة الداروينية.

مع ذلك ، هذا لا يعني أن هذه القضية لم تتم مناقشتها. على العكس من ذلك ، ظهرت جدالات محتدمة حيث يهاجم الفقهاء أقوال المسلمين ذوي العقليات الإنجابية طويلة الأمد المتطرفة ويشككون في صحة الأحاديث التي تُستخدَم لدعم مزاعمهم.

الفقرة التالية هي مقتطف من الكتاب المثير للجدل للمرحوم محمد الغزالي ، «السنة النبوية» :

> إننا قدمنا للإسلام صورا تثير الاشمئزاز وفي خطاب لأحد الدعاة المشاهير قال : إن المرأة

---

* أمين ، *فجر الإسلام* ، ٣٣٧-٣٤٢.

تخرج من بيتها للزوج أو للقبر ! ثم ذكر حديثا : إن امرأة مرض أبوها مرض الموت فاستأذنت زوجها لتعوده فأبى عليها ! فلما مات استأذنته أن تشهد الوفاة وتكون مع الأهل عند خروج الجنازة فأبي .. قال الخطيب : فلما ذكرت ذلك لرسول الله قال لها : إن الله غفر لأبيك لأنك أطعت زوجك !! .

أكذلك يعرض ديننا ؟ سجنا للمرأة تقطع فيه ما أمر الله به أن يوصل ؟ ..

ثم يضيف الغزالي في الهامش :

والحديث المذكور لا يعرفه رواة الصحاح ، وهو يقطع ما أمر الله به أن يوصل ! ويرخص الوفاء بحق الوالدين ، وهدفه ألاّ تخرج المرأة من البيت أبدا ، وهو هدف ينكره الإسلام ، وفى الحديث الصحيح : (( إن الله أذن لكن أن تخرجن في حوائجكن )) ..*

إن العبرة طويلة الأمد المتطرفة للحديث السالف الذكر واضحة. حتى وفاة الأب ليست سببًا كافيًا للمرأة لتقليل ثقة أبوة زوجها بمغادرة منزلها. علاوة على ذلك ، إن طاعة المرأة أرضت الله لدرجة أنه غفر خطايا والدها! توجد العديد من الأحاديث التي توفر للرجال

* الغزالي ، *السنة النبوية* ، ٥١.

تبريرًا دينيًا لاستخدام إستراتيجية إنجابية طويلة الأمد متطرفة. بعض الأمثلة ما يلي :

> حق الزوج على امرأته ... وأن لا تخرج من بيته إلا بإذنه ، فإن فعلت لعنتها الملائكة ؛ ملائكة الغضب وملائكة الرحمة حتى تؤوب أَو ترجع ، ...*

> للمرأة ستران : القبر والزوج. قيل : وأيّهما أفضل؟ قال : القبر.**

رُوي كذلك أن النبي لمّح إلى أن صوت المرأة جزء من عورتها ، وأنه نهى عن تعليم النساء الكتابة![86]

لعل أكثر المنتقدين صراحةً لتفسير الإسلام من منظور عقلية إنجابية طويلة الأمد متطرفة هو خالد أبو الفضل. في

---

* الألباني ، *سلسلة الأحاديث الضعيفة والموضوعة* ، رقم ٣٥١٥.
Bemat, A., *The Muslim Woman*, Part II, 82.

** الألباني ، *سلسلة الأحاديث الضعيفة والموضوعة* ، رقم ١٣٩٦. وتعليقًا على حديث مشابه ، يكتب بمات : «من المؤكد أن سلامة شرف المرأة واحترامها وتواضعها وخجلها تكمن في القبر فقط ... ومن الحقائق أيضًا أن المنزل وحده هو خير مكان للمرأة ، وليس السينما أو الحديقة أو المتجر أو السوق.»

Bemat, A., *The Muslim Woman*, Part I, 78.

أحد كتبه ، يحلل أبو الفضل العديد من الفتاوى التي يعتبرها مُهينة للمرأة. معظم هذه الفتاوى صادرة عن المؤسسة الرسمية في المملكة العربية السعودية الموكّل لها إصدار الفتاوى.[87] محتوى هذه الفتاوى شبيه جدًا بالمقتطفات التي نقلناها من كتاب «المرأة المسلمة» ، وتتضمن التحريم على المرأة كلًا مما يلي : قيادة السيارة ، وزيارة القبور ، والاختلاط بالرجال ، وإظهار وجهها في الأماكن العامة.[88] يزعم أبو الفضل أن هؤلاء الفقهاء بوضعهم لهذه الأحكام ، يُسيئون استخدام السلطة المخوَّلة لهم بطرق مختلفة ، بما في ذلك العرض المتحيّز للأدلة.

> من الصعب التوفيق بين أحاديث الفتنة والإقصاء ، وبين كثرة الأخبار عن المشاركة الفعالة للمرأة في الحياة العامة أثناء حياة الرسول وبعد وفاته أيضًا. في الواقع ، الأخبار التي توثّق حوادث عزل النساء قليلة بالمقارنة مع الأخبار التي توثّق عكس ذلك. أخبار المشاركة العامة كثيرة جدًا بحيث لا يمكن سردها هنا ، ولكنها تشمل الرسول يسابق زوجته على مشهد من الناس، وعائشة ونساء أخريات يشاهدن الرياضة في المدينة ، والنساء يسألن ويشتكين إلى الرسول من مجموعة متنوعة من المشاكل ، ومشاركة النساء في المعارك الإسلامية بأدوار متنوعة ... علاوة على ذلك ، كان الرجال والنساء يزورون بعضهم البعض ويتبادلون الهدايا. ذكرت عدة أخبار أن النساء كن يأتين إلى النبي في الشارع ويأخذنه بيده ، ويجلسن معه ، ويناقشن مشاكلهن.

> لم يرد في أي من هذه الأخبار عن العادة التاريخية ما يشير إلى الاهتمام الزائد بالفتنة أو تأثير الفتنة.[89]

علاوة على ذلك ، يفحص أبو الفضل الأحاديث التي غالبًا ما تُستخدَم لدعم هذه الأنواع من الفتاوى. يقترح أن العلماء تأثروا بانحيازاتهم في بعض الأحيان في أحكامهم على صحة أحاديث معيّنة. فيما يتعلق بالحديث الذي غالبًا ما يُستخدَم كدليل على أن الإسلام يحرم علي المرأة تَولّي مناصب القيادة ،* على الرغم من أن أحد رواته (أبو بكرة) عوقب بجريمة القذف ، يكتب أبو الفضل :

> هل كانت العبرة البطريركية لهذا الحديث مسؤولة عن نشره على نطاق واسع وقبوله في مجتمعات فقهية مختلفة؟ هل خُفِّف عبء الإثبات عند الفقهاء وعلماء الحديث لأن حديث أبي بكرة بدا منطقيًا من حيث سياقهم وثقافتهم العملية؟ بعبارة أخرى ، هل تعاملت المجتمعات الفقهية ومجتمعات أخرى مع هذا الحديث بمحاباة غير انتقادية لأنه وافق آرائهم الشخصية؟ هل أدّى ذلك بهم إلى عدم تقييم الحديث بالدرجة المطلوبة من الجهد والتمحيص؟ [90]

في فقرة أخرى ، يشكّك أبو الفضل في صحة نوع

---

* رُوي عن الرسول أنه قال : «لن يفلح قوم ولّوا أمرهم امرأة.» البخاري، *صحيح البخاري* ، ١٤٣٥.

الأحاديث التي كنا نتحدث عنها ككل ، معتبرًا أنها تتعارض بصورة شاملة مع رسالة الإسلام.

بصرف النظر عن مسألة صحة أسانيد هذه الأحاديث ، فهي تدل على عملية تاريخية ديناميكية تفاوضية للغاية. في الواقع ، أعتقد أنه بالنسبة للغالبية العظمى من الأحاديث التي تتناول دور المرأة في المجتمع ، فإن دور الرسول في وجودها ضئيل للغاية. إذا تبنّى المرء الرأي القائم على الإيمان بأن الله لم يرسل النبي لتأكيد وتثبيت هياكل السلطة المحافظة القمعية ، فإن الأحاديث التي تؤكد هيمنة البطريركية يجب أن تتغلب على أقصى درجات التمحيص. ومع ذلك ، فإن تطبيق هذا المستوى من التمحيص على هذه الأحاديث يكشف عن وجود عدد كبير جدًا من المصالح البطريركية التي كانت تنشر وتؤيّد وتزيّن هذه الأنواع من الأحاديث. وبالتالي ، يجب على المرء أن يستنتج أن صوت النبي في هذه الأحاديث قد أغرِق وأخرِس بدرجة ميؤوس منها.[91]

باختصار ، يدّعي بعض الفقهاء أن المرأة ليس لها مكان في الميدان العام ويقدّمون فتاوى تستشهد بأحاديث لدعم موقفهم. قد طعن فقهاء آخرون في هذه الأنواع من الفتاوى ، وشكّكوا في صحة الأحاديث المؤيّدة لهذه الفتاوى ، واستشهدوا بأحاديث مختلفة لدعم حججهم. في النهاية ، وبغض النظر عما إذا كان المشاركون قد أدركوا الأمر على هذا النحو ، فإن هذه المناقشة تدور

حول السؤال : «ما أنواع المناخات الإنجابية التي يمكن اعتبارها إسلامية؟»

ضع في اعتبارك أربع مناخات إنجابية مختلفة.

ب ت ث أ

**مناخات إنجابية قصيرة الأمد** **مناخات إنجابية طويلة الأمد**

الرجال في المناخ الإنجابي (أ) ، بسبب كونهم في الطرف الأقصى من الجزء طويل الأمد على الطيف الإنجابي ، يهتمّون فقط بتعظيم ثقة الأبوة. ستكون المرأة المثالية - من وجهة نظرهم - عذراء شابّة ترتدي ملابس متحفظة للغاية ، وستبقى في المنزل لتربية أطفالهم. الرجال في المناخ (ب) ، في الطرف الآخر من الطيف ، يهتمون فقط بالقدرة على ممارسة الجنس بأقل قدر ممكن من الالتزام. ستكون المرأة المثالية - من وجهة نظرهم - مكشوفة بالنسبة إلى ملابسها ومفضِّلة الاختلاطَ الجنسي للغاية. علاوة على ذلك ، سيفضلون أن يكون للمرأة حضور علني ، مما يسهّل عليهم مقابلة أكبر عدد ممكن من النساء.

سيستخدم الرجال في المناخ (ت) - بسبب كونهم في وسط الطيف - إستراتيجية تحاول تحقيق التوازن بين الاحتياجات قصيرة الأمد والاحتياجات طويلة الأمد. بينما

يبحث الرجال في المناخ (أ) عن زوجة بريئة و يبحث الرجال في المناخ (ب) عن علاقة لليلة واحدة ، يبحث الرجال (عمومًا) في المناخ (ت) عن «شريكة». لن ترتدي المرأة المثالية ـ من وجهة نظرهم ـ ملابس محافظة جدًا، ولكنها لن تتجوّل نصف عارية أيضًا. يتوقعون أن تكون المرأة مخلصة أثناء العلاقة ، ولكنهم في الغالب لا يهتمون إذا كانت قد مارست الجنس مع رجال آخرين في الماضي. لن يمانعوا في مطالبة المرأة بدرجة من الالتزام قبل الموافقة على العلاقة الجنسية ، ولكنهم لن يتوقعوا (أو يقبلوا) بامرأة ترفض ممارسة الجنس حتى تتزوج.

تجدر الإشارة إلى أن استخدام إستراتيجية إنجابية متوسطة له فوائده وعيوبه. يحصل الرجال في المناخ (ت) على درجة أكبر من ثقة الأبوة بالمقارنة مع الرجال في المناخ (ب) ويقدمون درجة أقل من الالتزام بالمقارنة مع الرجال في المناخ (أ). ومع ذلك ، يتعيّن عليهم تقديم درجة أكبر من الالتزام بالمقارنة مع الرجال في المناخ (ب) ويحصلون على درجة أقل من ثقة الأبوة بالمقارنة مع الرجال في المناخ (أ). هكذا الحياة!

مِثل الرجال في المناخ (ت) ، يستخدم الرجال في المناخ (ث) إستراتيجية تحاول تحقيق التوازن بين الاحتياجات الإنجابية قصيرة الأمد والاحتياجات طويلة الأمد. على عكس الرجال في المناخ (ت) ، فإن الرجال في المناخ (ث) لا يوازنون هذه الاحتياجات بالتساوي. بالنسبة للرجال في المناخ (ث) ، تسود الاحتياجات طويلة

الأمد. مثل الرجال في المناخ (أ) ، سيبحث الرجال في المناخ (ث) عن امرأة توفر درجة عالية من ثقة الأبوة.

فما هي الطريقة التي يظهر بها كون الرجال في المناخ (ث) ذوي عقليات إنجابية تكوّنت جزئيًا من خلال احتياجات إنجابية قصيرة الأمد؟ فيما يتعلق بالسلوك الجنسي ، قد تكون الإجابة «لا يظهر على الإطلاق». مثل الرجال في المناخ (أ) ، سيكون الهدف الإنجابي الرئيسي للرجال في المناخ (ث) هو العثور على امرأة عفيفة للزواج وتكوين أسرة معها. قد يكون المظهر الوحيد لكون الرجال في المناخ (ث) ذوي عقليات إنجابية أكثر قصرًا من الرجال في المناخ (أ) هو تسامحهم المتزايد في التهديدات الطفيفة لثقة الأبوة.

على الرغم من أن هذا قد يبدو غير مهم في البداية ، إلا أن هذا التسامح المتزايد يمكن أن يكون له آثار بعيدة المدى. على سبيل المثال ، كونهم أقل حماسة في سعيهم وراء ثقة الأبوة يجعل الرجال في المناخ (ث) أقل عرضة لمطالبة النساء بارتداء النقاب أو لعرقلتهنّ من المشاركة في الحياة العامة أو من تلقي التعليم. علاوة على ذلك ، في حين أن تركيزهم الأساسي سيكون على الفائدة الإنجابية طويلة الأمد (المنفعة الإنجابية طويلة الأمد) ، فإن الرجال في المناخ (ث) سيضعون أيضًا بعض الأهمية على الفائدة الإنجابية قصيرة الأمد (الخصوبة الفورية). لذا ، في حين أنه من المتوقع أن يرغبوا في الزواج من امرأة تُعتبَر شابّة وفقًا للأعراف الغربية الحالية ، فمن المحتمل أن يكونوا

كارهين للزواج من فتيات في سن المراهقة المبكرة ، لأن مثل هؤلاء الفتيات لهنّ درجة أقل من الخصوبة الفورية بالمقارنة مع نظرائهن الأكبر سنًا.*

بالعودة إلى مسألة أنواع المناخات الإنجابية التي يمكن اعتبارها إسلامية ، يمكن تمثيل رأي العديد من المسلمين حول هذا الأمر على النحو التالي :

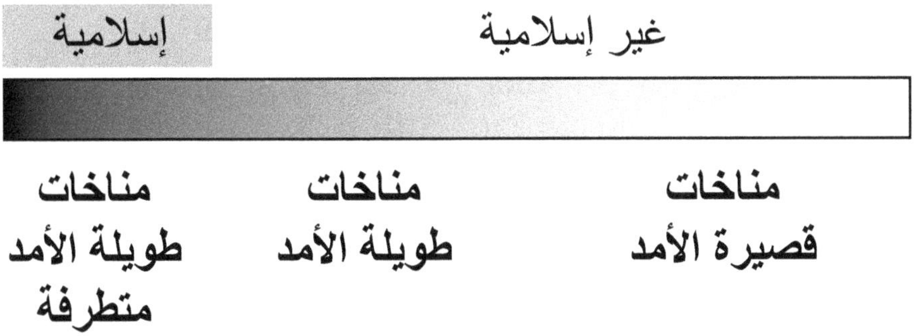

| إسلامية | غير إسلامية |
| --- | --- |

| مناخات قصيرة الأمد | مناخات طويلة الأمد | مناخات طويلة الأمد متطرفة |
| --- | --- | --- |

بالنسبة لمثل هؤلاء المسلمين ، فإن مجتمعًا إسلاميًا لا يتسامح في أدنى تهديد لثقة الأبوة. ومن المظاهر التي يتجلى بها هذا الانشغال بثقة الأبوة هو حرص بعض الفقهاء على استئصال جميع مصادر الفتنة المحتملة.

أبرز سمات الفتاوى التي تستبعد النساء من الحياة العامة هي الاعتماد المفرط على فكرة الفتنة.

---

* تبلغ المنفعة الإنجابية طويلة الأمد للمرأة ذروتها في منتصف سن المراهقة ، بينما تبلغ خصوبتها الفورية ذروتها في أوائل أو منتصف العشرينيات. انظر
Buss and Schmitt (1993).

في هذه الفتاوى ، يُنظَر إلى المرأة باستمرار على أنها تجسيد للفتنة تمشي وتتنفس. بالكاد يمكن للمرء أن يجد فتوى تتعامل مع النساء دون إدخال بعض الأقوال حول إغراءات الأنوثة. لذلك ، على سبيل المثال ، بالنسبة إلى اللجنة الدائمة للبحوث العلمية والإفتاء ، يجوز للمرأة الذهاب إلى المساجد فقط إذا لم يؤد ذلك إلى الفتنة ؛ يجوز للمرأة أن تستمع إلى الرجل وهو يقرأ القرآن أو يلقي محاضرة فقط إذا لم يؤد ذلك إلى الفتنة ؛ يجوز للمرأة أن تذهب إلى السوق فقط إذا لم يؤد ذلك إلى الفتنة ؛ لا يجوز للمرأة زيارة المقابر خوفًا من الفتنة ؛ لا يجوز للمرأة أن تُسَبّح الله أو تقول «آمين» جهارًا في الصلاة خوفًا من الفتنة ؛ لا يجوز للمرأة التي تصلي وحدها أن ترفع صوتها في الصلاة إذا أدى ذلك إلى الفتنة ؛ ولا يجوز للمرأة حتى أن تُسلّم على الرجل إذا أدى ذلك إلى الفتنة ؛ وكل نوع ولون من الملابس تمّ تحليله من منظور الفتنة.[92]

بالنسبة للمسلمين الآخرين ، فإن نطاق المناخات الإنجابية الإسلامية هو كالتالي :

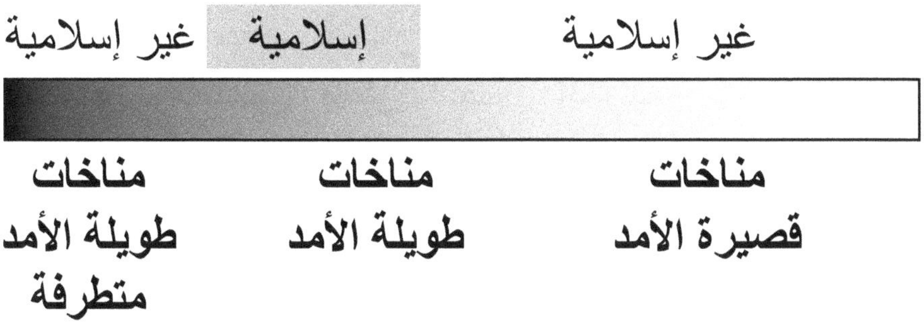

غير إسلامية
إسلامية
غير إسلامية
مناخات قصيرة الأمد
مناخات طويلة الأمد
مناخات طويلة الأمد متطرفة

يركز هؤلاء المسلمون على القِيَم مثل الحياء والعفة والاحتراس من مصادر الفتنة المحتملة أيضًا. ومع ذلك ، حتى مع بقاء عقلياتهم الإنجابية في الأغلب طويلةَ الأجل بطبيعتها ، فإن تلطيف هذه العقلية باحتياجات إنجابية قصيرة الأمد يؤدي إلى التسامح المتزايد ، وحتى التأييد، لبعض التهديدات المجتمعية لثقة الأبوة التي يجدها المعارضون لهم غير مقبولة.

> تجب الموازنة بين تجنّب الإغواء وبين مبادئ العدالة الإسلامية. وبالتالي ، إذا كان جوهر المشكلة في الضعف والرزيلة عند الرجال ، فلا ينبغي إذن أن تعاني النساء بسبب عيوب الرجال. علاوة على ذلك ، في جميع الأحوال ، لا يمكن التضحية بالقيم العليا ، مثل التعليم أو الصحة ، من أجل الوقاية من مخاطر الفتنة.[93]

* * * * * * * *

لقد تمت (في اللغة الإنجليزية) ترجمة المصطلحين «الشريعة» و«الفقه» بتعبير واحد : «القانون الإسلامي».

ومع ذلك ، فقد ميّز المسلمون بين المصطلحين. تُستخدَم كلمة «الشريعة» أحيانًا للإشارة إلى القانون الإسلامي بمعناه النظري والمثالي. يمكن اعتبار الشريعة كأنها القانون الإسلامي لو كان من الممكن الحصول عليه بشكل مباشر من الله نفسه.[94] من ناحية أخرى ، يمثّل الفقه محاولات الفقهاء لاستنباط الشريعة الإسلامية من خلال فحص مصادرها. ومع ذلك ، نظرًا للحدود الفطرية للإنسان، فإن أي جانب خاص من جوانب الفقه قد يتّفق أو لا يتّفق مع إرادة الله في مسألة معيّنة.[95] أصول الفقه تخصّص يهتمّ بالمنهجيات التي يستخدمها الفقهاء في تشكيل الفقه.

> إن استنتاج قواعد الفقه من الدلائل الواردة في المصادر هو الغرض الصريح من أصول الفقه. الفقه على هذا النحو هو المُنتَج النهائي لأصول الفقه ؛ ومع ذلك ، فإن كلاهما تخصصان مختلفان. الفرق الرئيسي بين الفقه وأصول الفقه هو أن الأول يهتم بمعرفة القواعد التفصيلية للشريعة الإسلامية في فروعها المختلفة ، والأخير بالطرق التي تُطبَّق في استنتاج هذه القواعد من مصادرها. بعبارة أخرى ، الفقه هو القانون نفسه ، وأصول الفقه هو منهجيّة القانون. العلاقة بين التخصصين تشبه العلاقة بين قواعد النحو واللغة ، أو المنطق والفلسفة. يقدم أصول الفقه بهذا المعنى المعايير للاستنتاج الصحيح لأحكام الفقه من مصادر الشريعة.[96]

من خلال فحص المحتوى لفتاوى متعددة صدرتْ فيما

يتعلق بالدور المجتمعي للمرأة ، كنا نبحث عن إمكانية أن يكون محتوى الفقه قد تأثّر باحتياجات إنجابية. هل أثّرت الاحتياجات الإنجابية على أصول الفقه أيضًا؟

إحدى طرق تصنيف الحديث تتعلق بعدد الأسانيد التي تم من خلالها نقله. الحديث المتواتر هو الذي رواهُ عدد كبير من الناس لدرجة أن احتمالية تلفيقه تُعتبَر معدومة. يعتقد غالبية العلماء أنه فيما يتعلق بصياغة الشريعة ، فإن الحديث المتواتر له نفس وزن القرآن.[97] حديث الآحاد هو الذي يكون عدد رواته ليس كافيًا لاعتباره حديثًا متواترًا.[98] الغالبية العظمى من الأحاديث تقع في فئة أحاديث الآحاد.*

أحد مجالات البحث في أصول الفقه هو الدرجة التي يمكن فيها استخدام حديث الآحاد في صياغة الشريعة. قد ظهرت آراء متنوعة حول هذه القضية على مدار التاريخ الإسلامي. اعتبرت بعض المذاهب الفقهية أن حديث الآحاد يحمل نفس القيمة القانونية للقرآن. لم يعتمد البعض الآخر على حديث الآحاد على الإطلاق ، لأنه لا يمكن التأكّد بشكل قاطع من صحته. ومع ذلك ، كان رأي غالبية الفقهاء هو استخدام حديث الآحاد في صياغة الشريعة عند استيفاء بعض الشروط ، مع اختلاف طبيعة هذه الشروط

---

* العدد المضبوط للأحاديث المتواترة متنازع عليه ، لكن بعض العلماء حدّدوه بأقل من عشرة أحاديث.

Kamali, M., *Principles of Islamic Jurisprudence*, 70.

من مذهب إلى آخر.*

استمرّ الجدل حول الوزن الشرعي لحديث الآحاد حتى الوقت الحاضر. يزعم أهل الحديث ، أو الرواة الحرفيون للأخبار ، أن حديث الآحاد يؤدي إلى علم يقيني ويمكن استخدامه دون قيود في صياغة الشريعة.[99] تم الطعن في هذا الرأي ، ولعل أبرز من طعنوا فيه في العصر الحديث هو محمد الغزالي في كتابه «السنة النبوية». في هذا الكتاب ، يجادل بأن حديث الآحاد يجب أن يتوافق مع القرآن والسنة ككل قبل أن يمكن الاعتماد عليه في الأحكام الشرعية. علاوة على ذلك ، يجادل بأن حديث الآحاد الذي يتعارض محتواه مع الرسالة العامة للإسلام لا ينبغي استخدامه لصياغة قرارات شرعية ، بغض النظر عن مدى صحة إسناده في رأي علماء الحديث.**

قد يبدو الجدل حول الوزن الشرعي الذي ينبغي أن يُعطَى لحديث الآحاد في البداية وكأنه مسألة تقنية ليس لها أي علاقة بهذا الكتاب على الإطلاق. ومع ذلك ، يكشف الفحص الدقيق أن هذه القضية المنهجية لها آثار إنجابية عميقة. كما ناقشنا من قبل ، يستمر الجدل الحار حتى يومنا هذا حول نوع المناخ الإنجابي الذي يهدف الإسلام إلى تطبيقه. في هذه المناقشة ، تحتلّ السنة النبوية مركز

---

* أمين ، *فجر الإسلام* ، ٣٨٤-٣٨٦.

** الغزالي ، *السنة النبوية* ، ٢٤ ، ٢٠٥.

الصدارة ، حيث تستخدم مجموعات مختلفة من المسلمين الأحاديثَ كدليل لدعم ادعاءاتهم الإنجابية المختلفة.

تجدر الإشارة إلى أن المسلمين الذين يستخدمون السُنّة لدعم تكوين أو الحفاظ على مناخ إنجابي طويل الأمد متطرف عادةً ما يتبنّون موقف أهل الحديث القائل بأن حديث الآحاد يؤدي إلى علم يقيني ويمكن استخدامه بطريقة غير مقيَّدة في تصوير أحكام الإسلام. إذا قبِل المرء هذه الفرضية المنهجية ، فإن الحجة القائلة بأن الإسلام ينوي خلق مناخ إنجابي طويل الأمد متطرف تصبح أكثر إقناعًا، بالنظر إلى وجود العديد من أحاديث الآحاد (التي قرر علماء الحديث أن العديدة منها جديرة بالثقة) ذات عبرة إنجابية طويلة الأمد متطرفة. فعلى سبيل المثال ، إذ تُخبِرنا أحاديث ذات الدرجة الكافية من الموثوقية أن الملائكة تلعن النساء اللاتي يغادرن بيوتهن دون إذن أزواجهن أو أن صوت المرأة جزء من عورتها ـ فالأمر هكذا ولا سبب لأي مناقشة بعد ذلك. تم تفسير الأخبار التي تتحدث عن لعب النساء المسلمات دورًا مجتمعيًا نشطًا خلال حياة الرسول على أنها حدثت قبل توضيح قواعد الإسلام في مثل هذه الأمور بشكل كامل.[100] علاوة على ذلك ، فإن أي استفسار عن صحة هذه الأحاديث أو قوتها القانونية يمكن أن يُستدَلّ على أنه إهانة لسلطة النبي ويمكن أن يجعل إيمان المستفسر موضع تساؤل.[101] من ناحية أخرى ، الفقهاء اللذين يحاولون دحض الادعاء بأن الإسلام يهدف إلى خلق مناخ طويل الأمد متطرف، يُؤكدون فرضيات منهجية تسمح لهم بتقليل الوزن الشرعي للأحاديث التي

يعتبرونها غير متوافقة مع التعاليم الإسلامية.

\* \* \* \* \* \* \* \*

يوجد جانب آخر من جوانب الشريعة قد يتأثر بالاحتياجات الإنجابية طويلة الأمد للرجال ؛ وهو مسألة الطلاق. يمكن تلخيص رأي غالبية الفقهاء عبر التاريخ الإسلامي فيما يتعلق بالطلاق على النحو التالي : يحق للرجال طلب الطلاق دون قيود. بالنسبة للرجال ، الحصول على الطلاق عملية سهلة نسبيًا. بعض الفقهاء قد يسمحون للرجل بأن يطلّق زوجته طلاقًا حاسمًا بمجرد أن يقول لها «طلقتُكِ» ثلاث مرات متتالية.[102] أعطى بعض الفقهاء مثل هذه الأقوال وزنًا قانونيًا حتى لو قِيلت في لحظة غضب أو دعابة![103]

بالنسبة للمرأة المسلمة ، الحصول على الطلاق أصعب بكثير. قرّر غالبية الفقهاء أن المرأة ليس لها حق مُطلَق في الطلاق.\* قد تتمكن المرأة المسلمة من الحصول على الخلع إذا كانت قادرة على رد المهر الذي تلقّتْه.\*\*

─────────

\* ومع ذلك ، فقد سمح بعض الفقهاء للمرأة بإبرام عقود الزواج التي تسمح لها بالحصول على الطلاق دون قيد أو شرط. القرضاوي ، مركز المرأة في الحياة الإسلامية ، ١١٣.

\*\* إلا أن بعض الفقهاء اشترطوا على أن هذا النوع من الطلاق لا يتم إلا بإذن الزوج.

Abou El Fadl, K., *Speaking in God's Name,* 168.

١٣٠

بخلاف ذلك ، فإن المرأة مُلزَمة بتقديم طلب الطلاق إلى القاضي ، حيث يجب عليها إظهار درجة كافية من سوء المعاملة لتبرير الطلاق.* ومع ذلك ، فإن العديد من القضاة يترددون في التدخل فيما يُنظَر إليه عادةً على أنه مسألة منزلية. لذلك ، فإن الحصول على الطلاق صعب للغاية بالنسبة للعديد من النساء المسلمات.[104]

يبرّر الفقهاء تقييد قدرة المرأة على الحصول على الطلاق بعدة طرق. تُستشهَد عدة أحاديث لدعم هذا الموقف. على سبيل المثال ، رُوي أن الرسول قال :

> أيما امرأة سألت زوجها طلاقًا في غير ما بأس فحرام عليها رائحة الجنة.**

علاوة على ذلك ، يجادل الفقهاء بأن المرأة سوف تُسيء استخدام الحق في الطلاق إذا أتيحت لها الفرصة. يكتب أحمد بمات تحت عنوان «العقوبات الإلهية لزوجة تطالب بالطلاق»:

> بما أن المرأة عاطفية أكثر من كونها متعقلة وليست حكيمة جدًا ، لم تُمنَح حق الطلاق.

---

* أجاز بعض الفقهاء للمرأة طلب الطلاق إذا كان الزوج فقيرًا أو عاجزًا جنسيًا. القرضاوي ، مركز *المرأة في الحياة الإسلامية* ، ١١٤-١١٥.

** الترمذي ، *سنن الترمذي* ، ٣٢٢.

نظرًا لكونها عاطفية جدًا وناقصة بالنسبة إلى الذكاء ، فإن المشاجرة العادية تثير اشمئزازها لدرجة أنها قد تبدأ في نوبة غضبها بحثّ زوجها على الطلاق ، الانفصال ، أو إرسالها إلى منزل والديها ... حتى إذا كان الزوج مستبدًّا، فعليها تحمّل الظلم بثبات. مع العلم أن ثمار الصبر حلوة ، فلا شك أن رحمة الله ستظهر قريبًا وسوف تحصل على محبة زوجها وإعجابه.[105]

حتى يوسف القرضاوي ، الذي أحيانًا ما يُنتقَد لكونه متساهلًا ، له رأي مماثل في هذا الشأن :

ويقولون : لماذا جُعِل الطلاق بيد الرجل وحده ؟

ونقول : إنّ الرجل هو رب الأسرة وعائلها ، والمسؤول الأول عنها ، وهو الذي دفع المهر ، وما بعد المهر ، حتى قام بناء الأسرة على كاهله، ومَن كان كذلك كان عزيزاً عليه أن يتحطم بناءُ الأسرة إلا لدوافع غلابة ، وضرورات قاهرة ، تجعله يضحى بكل تلك النفقات والخسائر من أجلها .

ثم إنّ الرجل أبصرُ بالعواقب ، وأكثر تريثاً ، وأقلُّ تأثراً من المرأة ، فهو أولَى أن تكون العُقْدة في يده، أما المرأة فهي سريعة التأثر ، شديدة الانفعال، حارة العاطفة ، فلو كان بيدها الطلاق لأسرعت

به لأتفه الأسباب ، وكلما نشب خلاف صغير *.

ربما يكون الفقهاء مُحقّين في افتراضهم أن المرأة المسلمة ستطلب الطلاق دون سبب وجيه إذا أتِيحَت لها الفرصة ، مما يؤدّي إلى فوضى مجتمعية. ومع ذلك ، من وجهة النظر الداروينية ، فإن مثل هذا الوضع سيكون مستبعدًا للغاية. بل من المتوقّع أن تلجأ المرأة إلى الطلاق فقط في أسوأ الظروف. والسبب في ذلك هو أن النساء دائمًا يتركن الزيجات بقيمة إنجابية أقل من قيمتهنّ عند بدء الزواج. بالنسبة للرجال ، فإن المرأة المثالية لعلاقة طويلة الأمد يجب أن توفّر مستويات عالية من المنفعة الإنجابية طويلة الأمد وثقة الأبوة. التقدّم في العمر يقلل من المنفعة الإنجابية طويلة الأمد للمرأة. والمرأة التي كانت في علاقة سابقة ولم تعد عذراء تُعتبَر ذات قيمة إنجابية أقل ، خاصة في المناخات طويلة الأمد. إن وجود الأطفال من زواج سابق يقلّل من القيمة الإنجابية للمرأة بشكل أكبر. لذلك ، بالنسبة لمعظم النساء المتزوجات ، يمثّل وضعُهن الحالي الخيارَ الإنجابي الأفضل لهنّ. إن تردّد العديد من النساء في ترك أزواجهن على الرغم من الخيانة المتكررة ، والإساءة العاطفية ، وحتى الإيذاء الجسدي هو ظاهرة مؤسفة لهذا الواقع.

بالنسبة للرجال ، فإن عواقب إنهاء الزواج أقلّ سلبية.

---

* القرضاوي ، مركز المرأة في الحياة الإسلامية ، ١١١-١١٢.

نظرًا لأن النساء لا داعي عندهن للقلق بشأن ثقة الأمومة، فإن العلاقات السابقة للرجل ليست مصدر قلق كبير. والشيخوخة لا تقلل القيمة الإنجابية للرجل بالقدر الذي تفعله للمرأة.* في الواقع ، يمكن للرجل أن يكون لديه حافز إنجابي كبير لإنهاء الزواج في مواقف معيّنة. على سبيل المثال ، إذا كان الرجل قادرًا على تجميع الكثير من الثروة أو المكانة ، فقد يكون قادرًا على الحفاظ على قيمته الإنجابية أو حتى زيادتها مع تقدّمه في السن. إذا كان هذا الرجل متزوجًا من امرأة تتضاءل قيمتها الإنجابية بسرعة ولديه أطفال أكبر سنًا لم يعودوا بحاجة إلى دعمه، فقد يكون الحافز لتطليق تلك الزوجة قويًا للغاية. إن قيام العديد من الرجال الناجحين بتطليق زوجاتهم بعد سنوات عديدة ، ثم الزواج من امرأة أصغر سنًا هو ظاهرة مؤسفة لهذا الواقع. حتى لو قبِل المرء سلامة المبدأ القائل بأنه يجب تقييد وصول أحد الجنسين إلى الطلاق من أجل الصالح العام ، فيبدو أنه من المنطقي أن يكون الجنس المقيَّد هو الرجال.

اختلفت المواقف تجاه الطلاق اختلافًا كبيرًا تبعًا للوقت والمكان في الحضارة الغربية. ومع ذلك ، كان الاتجاه العام خلال القرنين الماضيين هو أن الحصول على الطلاق أصبح أسهل بشكل تدريجي. هذا ينطبق بشكل خاص على النساء.

---

* انظر الفصل الأول.

في إنجلترا ، تم استبعاد المدعيات ، اللواتي من الضروري لهنّ إثبات الزنا المتفاقم (الزنا المتزامن مع جريمة زوجية أخرى مثل القسوة الجسدية) ، من عملية الطلاق باستثناء حالات الانفصال الرسمية. من بين ٣٢٥ حالة طلاق كاملة منحها البرلمان بين ١٦٧٠ والإصلاحات القانونية لعام ١٨٥٧، أتيحت أربع حالات فقط للنساء.[106]

من ناحية أخرى ، كان على الرجال الإنجليز إثبات الزنا فقط للحصول على الطلاق خلال تلك الفترة الزمنية. لم يكن بإمكان النساء الإنجليز الحصول على الطلاق بإثبات الزنا فقط حتى عام ١٩٢٣، فأصبحن في وضع متساوي مع الرجال.[107]

كان توسيع الأسباب القانونية المعترف بها للطلاق قضية مهمة للنسويات الأمريكيات الأوائل. على الرغم من أن الأمريكيين اليوم قد يجدون صعوبة في تصديق ذلك ، إلا أن الدعوات في القرن التاسع عشر لحصول المرأة على الحق القانوني في تطليق زوج سكّير قوبلت بمعارضة شديدة.[108] وما انتشر «الطلاق بدون خطأ»* في المجتمعات الغربية حتى الستينيات من القرن الماضي.[109]

_____

* يعني ذلك : الطلاق الذي يتم الحصول عليه بدون الحاجة إلى إثبات سوء المعاملة من الزوج (أو الزوجة). (المترجم)

تشير التغيرات التي حدثت خلال القرنين الماضيين في المجتمعات الغربية إلى أن المواقف تجاه الطلاق تتأثر كثيرًا بالمناخ الإنجابي السائد. كلما أصبحت المناخات الإنجابية الغربية أكثر قصرًا بطبيعتها ، كلما أصبح الحصول على الطلاق أسهل. علاوة على ذلك ، بدأ عدم المساواة في الوصول إلى الطلاق لدى النساء الغربيات بالتقلّص. ربما ينبغي أن يكون هذا الاتجاه متوقعًا. بالنسبة للرجال الذين يكون تركيزهم الإنجابي الوحيد هو الزواج وتربية الأسرة ، فإن قدرة المرأة على المغادرة ومحاولة العثور على رجل أفضل يمكن اعتبارها تهديدًا غير مقبول. من ناحية أخرى ، يستفيد الرجال الذين يتبعون إستراتيجيات قصيرة الأمد من وجود أكبر عدد ممكن من النساء المتاحات لهم. من هذا المنظور ، الشفقة المتزايدة التي أبداها الرجال الغربيون تجاه النساء المتورطات في زيجات غير سعيدة - عندما أصبحت المناخات الغربية أكثر قصرًا - ليست أمرًا مفاجئًا.

لقد استخدمنا سابقًا خالد أبو الفضل كمثال لفقيه تشير آرائه في الشريعة إلى أنه ذو عقلية إنجابية أكثر قصرًا بطبيعتها من معظم نظرائه. تتجلى هذه العقلية أيضًا بآرائه في الطلاق. في مقال يروي فيه محنة امرأة مسلمة غير قادرة على الحصول على الطلاق من زوجها الذي كان يُعنّفها ، يحلل قضية الطلاق في الإسلام. بمراجعة العديد من الآيات القرآنية المستخدَمة لتبرير تقييد وصول المرأة إلى الطلاق ، استنتج أن المعاني الكاملة لهذه الآيات لم

تُعتبَر بشكل شامل ، وأشار إلى رأيه بأن الإسلام يمنح المرأة نفس حق الطلاق كما هو الحال بالنسبة للرجل. ومع ذلك ، يبدو أن أبو الفضل مضطرب إلى حد ما من أن رأيه يتعارض مع غالبية الفقهاء عبْرَ التاريخ الإسلامي.[110] فيصبح السؤال : هل رأي الأغلبية نتيجة الأدلة القاطعة الموجودة في مصادر الشريعة الإسلامية ، أم أنّه مظهر من مظاهر المناخات الإنجابية التي صيغت فيها تلك الآراء؟

* * * * * * * *

حتى الآن ، كنا نستكشف الطرق التي ربما تأثر بها محتوى الشريعة بالاحتياجات الإنجابية طويلة الأمد للرجال المسلمين. هل الاحتياجات الإنجابية قصيرة الأمد تظهر في الشريعة أيضًا؟

كانت العبودية سائدة في شبه الجزيرة العربية قبل الإسلام. أكّدت التعاليم الإسلامية على أهمية معاملة العبيد معاملة حسنة وجعلت عتق العبد من أحسن الأعمال التي يمكن أن يقوم بها المسلم.* ومع ذلك ، فإن مؤسسة العبودية الأساسية تُركتْ على حالها.[111] كما استمر الإسلام في السماح للرجال المسلمين بممارسة الجنس مع إمائهم ، اللواتي يشار إليهنّ في القرآن بتعبير «ما ملكت أيمانهم».**

* القرآن ، ٢: ١٧٧. البخاري ، *صحيح البخاري* ، ٤٧٤.
** القرآن ، ٢٣: ٥-٦.

ناقشنا سابقًا موضوع عورة المرأة (ما يجب على المرأة أن تغطّيه في حضور الرجال ، باستثناء أقاربها وزوجها). قرّر جمهور الفقهاء أن عورة المرأة هي جسدها كله باستثناء وجهها ويديها. تدّعي أقلية من الفقهاء أن وجه المرأة ويديها جزء من عورتها أيضًا ، مما يستلزم أن تكون المرأة منقّبة تمامًا في الأماكن العامة. ولكن هذه الآراء تتعلق بعورة المرأة الحُرّة. من المثير للاهتمام أن غالبية الفقهاء عبْر التاريخ الإسلامي اعتقدوا أنّ عورة الإماء مختلفة. كما هو الحال مع المرأة الحرة ، اختلف الفقهاء في الطبيعة الدقيقة لعورة الأمة. اعتقد بعض الفقهاء أن الأمة من المقبول لها أن تُظهِر شعرها وذراعيها وساقيها في الأماكن العامة. قال آخرون إن عورة الأمة ما بين سُرّتها وركبتيها ، مما يسمح لها بكشف ثدييها![112]

غالبًا ما برّر الفقهاء تمييزهم بين عورة المرأة الحرة وعورة الأمة من خلال الادعاء بأن العبيد يعيشون حياة أكثر نشاطًا ، مما يستلزم قواعد اللباس أقل تقييدًا من أجل تفادي المشقة.* ومع ذلك ، قد يواجه المتشكك صعوبة في قبول مثل هذه التبريرات في ظاهرها. يبدو من الغريب في البداية أن الفقهاء ، خاصة في ضوء العديد من فتاويهم الأخرى ، سيهتمّون بشكل خاص براحة أي امرأة ، ناهيك

---

* زعم الفقهاء أيضًا بأن العادات السائدة التي أثرت على ما كانت ترتديه الإماء وجب أن تؤخذ أيضًا بالاعتبار.

Abou El Fadl, K., *Speaking in God's Name*, 241.

عن الجواري. ويتساءل المرء عن نوع العمل الذي كانت الإماء يقُمنَ به والذي يتطلّب كشف صدورهن. إلى جانب ذلك ، ماذا حدث لصد الذرائع لمصادر الفتنة المحتملة؟

كما ناقشنا سابقًا ، يحصل الرجال على فائدة إنجابية من خلال الاختلاط الجنسي وتقديم القليل من الالتزام لشريكاتهم. من ناحية أخرى ، يستفيد الرجال أيضًا من خلال الحصول على درجة عالية من ثقة الأبوة. لسوء الحظ بالنسبة للرجال ، فإن النساء اللاتي يوفرْن للرجال فرصة ممارسة الجنس دون الالتزام عادةً ما يقدمنَ درجة منخفضة من ثقة الأبوة. وعادةً ما تتطلب النساء اللواتي يُقدمنَ درجة عالية من ثقة الأبوة مستوى مرتفعًا من الالتزام. درجة تركيز الرجال على الاحتياجات الإنجابية قصيرة الأمد مقابلَ الاحتياجات طويلة الأمد سوف تتأثر تأثرًا بالمناخ الإنجابي السائد. ومع ذلك ، وبغض النظر عن الطبيعة الدقيقة للمناخ الإنجابي السائد ، كثيرًا ما يحاول الرجال حَلّ هذه المعضلة الإنجابية من خلال استخدام إستراتيجية إنجابية مختلطة.[113] من خلال إقامة علاقات قصيرة الأمد مع النساء اللواتي يطالبن بالقليل من الالتزام ، وإقامة علاقات طويلة الأمد مع النساء اللواتي يقدمن الكثير من ثقة الأبوة ، يستطيع بعض الرجال تحقيق الحصول على الأمرين معًا.

تكثر الأمثلة على استخدام الرجال إستراتيجيات إنجابية مختلطة. عادةً ما يبذل الرجال في مناخات إنجابية طويلة الأمد معظمَ جهودهم في الزواج من زوجة وتربية الأسرة

معها. ومع ذلك ، يسعى العديد من هؤلاء الرجال إلى إقامة علاقات قصيرة الأمد مع عشيقات. يزور العديد من الرجال أيضًا البغايا. تشهد الطبيعة الممتدة للبغاء ، حتى في مناخات إنجابية طويلة الأمد متطرفة ، على الأهمية التي يوليها الرجال للفرص الإنجابية قصيرة الأمد.

على نفس المنوال ، فإن الرجال الذين يستخدمون في الغالب إستراتيجيات إنجابية قصيرة الأمد لا يتجاهلون تمامًا السعي وراء ثقة الأبوة. يقدم الهيب هوب مثالًا مثيرًا للاهتمام لهذه الظاهرة. غالبًا ما يتكلم مغنو الراب عن «الزويجة» ، والتي يمكن تعريفها على أنها صديقة طويلة الأمد.* على عكس الزوجة الحقيقية ، إن كان لدى الرجل زويجة ، فهذا لا يعني أنهما متزوجان بالفعل. ولا يمكن للزويجة أن تتوقع فعليًا أن يكون الرجل مخلصًا.** ومع ذلك ، يحق للزويجة الالتزام طويل الأمد ، والمودة ، وهدايا باهظة الثمن. هذا على النقيض من «العاهرة» العادية ، التي لا يحق لها الحصول على أي شيء.

من أجل أن يستخدم الرجل إستراتيجية إنجابية مختلطة بنجاح ، يجب عليه فصل النساء إلى اللاتي قد

_____

* «زويجة» اسم التصغير لكلمة زوجة. وهي ليست زوجة تمامًا ، لكنها أيضًا ليست مجرد صديقة. (المترجم)
** ومع ذلك ، من المتوقع أن تظلّ الزويجة مخلصة بغض النظر عن خيانة صاحبها. انظر
Ghostface Killah, "Back Like That," *Fishscale*.

يكنّ مناسبات لعلاقة طويلة الأمد واللاتي يكنّ مناسبات لعلاقة قصيرة الأمد. من غير المرجح أن تكون المحاولات لبدء علاقة قصيرة الأمد مع امرأة تتبع إستراتيجية طويلة الأمد ناجحةً. وبدء علاقة طويلة الأمد مع امرأة تستخدم إستراتيجية قصيرة الأمد هو تبديد غير ضروري للموارد وقد يؤدي إلى تهديد غير مقبول لثقة الأبوة. تشرح حاجة الذكور لفصل النساء بهذه الطريقة التعبيرَ الشائع في اللغة الإنجليزية : «هناك نوع من النساء تأخذهنّ إلى الفراش ، وهناك نوع من النساء تأخذهنّ إلى أمّكَ.»

مرة أخرى ، يقدم جاي-زي مثالًا بليغًا لعملية التفكير هذه في إحدى أغانيه ، حيث أعرب عن انزعاجه من الرجال الذين هم غير ماهرون في محاولاتهم لاستخدام إستراتيجية إنجابية مختلطة ، ويؤكد لصديقته أنه لن يرتكب نفس الخطأ.

المشكلة هي أنكم تعاملون المرأة التي تحبونها
بنفس الاحترام الذي تعاملون به المرأة التي فقط
تضاجعونها.
ذلك هراء تمامًا !
إذا كنتِ سوف تغضبين من أي شيء ،
لن يكون ذلك ، كلا لن يكون ذلك !
لا أكون في الأماكن التي نحن نستريح فيها
مع أي شرموطة ،
كلا لن تري ذلك أبدًا.[114]

فكيف يقوم الرجال بتقسيم النساء إلى رفيقات محتملات

على المدى القصير والمدى الطويل؟ إحدى الطرق هي مراقبة تصرفات المرأة وأسلوبها في ارتداء الملابس ، من أجل تخمين مستنير حول نوع الإستراتيجية الإنجابية التي تستخدمها. يستخدم الرجال أحيانًا مجموعات مختلفة من النساء لأغراض مختلفة. على سبيل المثال ، كثيرًا ما يستفيد المهاجرون إلى أمريكا أو الجيل الأول بعدهم من الفرص الوفيرة نسبيًا للعلاقات قصيرة الأمد الموجودة في الولايات المتحدة. ومع ذلك ، عندما يحين وقت الزواج، يقرّر العديد من هؤلاء الرجال العودة إلى المناخات طويلة الأمد في بلدانهم الأصلية من أجل العثور على «فتاة جيدة»، كخيار أفضل للاستقرار وتكوين الأسرة.

كان وجود المحظيات أمرًا شائعًا للغاية عبر التاريخ البشري المسجّل. كانت بلاد ما بين النهرين ، ومصر، والصين ، وروما هي بعض الحضارات القديمة التي أجازت لمالكي العبيد ممارسةَ الجنس مع إمائهم.[115] يمكن للمرء أن يجادل بأنه إلى جانب العمالة الرخيصة ، كان سبب رئيسي لوجود العبودية عبر التاريخ البشري هو الفائدة الإنجابية التي توفرها العبودية لمالكي العبيد.

وبشكل أكثر تحديدًا ، كثيرًا ما استخدم الرجال عبر التاريخ الإماء لإشباع احتياجاتهم الإنجابية قصيرة الأمد. مثال رئيسي لهذه الظاهرة هو أمريكا قبل الحرب الأهلية الأمريكية ، حيث كان مالكو العبيد البيض يتزوجون من نساء بيضاوات ولكنهم كانوا يمارسون الجنس في كثير من الأحيان مع إمائهم السوداوات.[116] تشمل الشريعة

الإسلامية ، من خلال السماح للرجال ببيع إماءهم وعدم وضع حد لعدد الإماء اللاتي يمكن أن يمتلكهن الرجل ، أحكامًا تجعل العبودية مفيدة من منظور إنجابي قصير الأمد.*

كان الجاحظ (٧٧٦-٨٦٩ م) أديبًا عربيًا مشهورًا؛ عاش خلال فترة الخلافة العباسية. اشتهر بكتابته في مجموعة متنوعة من الموضوعات ، ومن أشهر مؤلفاته «كتاب القيان». كانت القيان إماءً تم تدريبهن للترفيه عن أسيادهن وعملائهم.[117] إلى جانب مناقشة الفتيات المغنيات، يستخدم الجاحظ الرسالة لمناقشة المرأة ودورها في المجتمع على مستوى أكثر عمومية. يتناول المقتطف التالي المواقف المجتمعية تجاه النساء الأحرار اللاتي قد يتزوجْن مرة أخرى :

> وكذلك كانوا لا يرون بأسًا أن تنتقل المرأة إلى عدّة أزواج لا ينقلها عن ذلك إلاّ الموت ما دام الرجال يريدونها . وهم اليومَ يكرهون هذا ويَستسمجونه في بعض ، ويعافون المرأة الحرّةَ إذا كانت قد نكحت زوجاً واحداً ، ويُلزمون مَن خَطبَها العارَ ويُلحقون به اللّومَ ، ويعيِّرونها بذلك،

* ومع ذلك ، إذا كان للسيد طفل من الأمة ، قرّر معظم الفقهاء أنه لم يعد جائزًا بيعُها لشخص آخر ويصبح من حقها أن تحصل على حريّتها بعد وفاة سيدها.
Schacht, J., *The Origins of Muhammadan Jurisprudence,* 264-265.

ويتحظَّون الأمَة وقد تداولها من لا يُحصَى عدده من الموالي. فمَنْ حَسَّن هذا في الإماء وقبَّحهُ في الحرائر! ولمَ [لَمْ] يَغاروا في الإماء وهنَّ أمّهَاتُ الأولاد وحظايا الملوك ، وغارُوا على الحرائر. ألا ترى أنَّ الغَيرةَ إذا جاوزَتْ ما حرّم اللهُ فهي باطلٌ ،...*

يمكن فهم الموقف لهؤلاء الرجال المسلمين في القرن التاسع ، الذي يبدو في البداية أنه ازدواجي للغاية، إذا أدرك المرء أن هؤلاء الرجال كانوا ينظرون إلى النساء الحرائر على أنهنّ شريكات محتملات على المدى الطويل، وكانوا ينظرون إلى الإماء على أنهنّ شريكات محتملات على المدى القصير. عند اختيار شريكة طويلة الأمد ، تصبح ثقة الأبوة ذات أهمية قصوى. في مثل هذا الوضع، فإن حقيقة أن المرأة قد مارست الجنس مع رجال آخرين ، حتى في حالة الزواج ، تقلل من قيمتها كشريكة طويلة الأمد ، وهو ما يفسر سبب استنكار الرجال على زواجها مرة أخرى. أما بالنسبة للشريكة قصيرة الأمد ، فإن ثقة الأبوة تتراجع أهميتها أمام أهمية فرصة ممارسة الجنس مع القليل من الالتزام. في مثل هذه الحالة ، تكون العلاقات السابقة للمرأة قليلة الأهمية ، وهو ما يفسر سبب اعتبار ممارسة الإماء الجنسَ مع العديد من الرجال على أنها ليست جديرة باللوم بشكل خاص.[118]

* الجاحظ ، *رسائل الجاحظ* (المجلّد الأول) ، ١٥٨.

بالعودة إلى قضية عورة المرأة ، فإن اعتقاد معظم الفقهاء القدامى أن عورة الجارية تختلف عن عورة المرأة الحرة يمكن تفسيره أيضًا بإدراك أن الرجال المسلمين كانوا ينظرون إلى الإماء في المقام الأول على أنهن شريكات على المدى القصير. عند البحث عن شريكة قصيرة الأمد ، يركز الرجال ويسعدون بالإشارات التي تدل على أن المرأة تستخدم إستراتيجية قصيرة الأمد. بما أن هذه الإشارات تشمل إظهار المزيد من الجسد ، فإن التساهل فيما سمح به الفقهاء فيما يتعلق بما يجب أن تغطّيه الأمة في الأماكن العامة لم يعد مفاجئًا.*

العبودية الآن (في الغالب) مؤسّسة بائدة.** ومع ذلك ، فإن الطريقة التي أثّرت بها الاحتياجاتُ الإنجابية قصيرة الأمد على آراء الفقهاء حول تحديد عورة الجارية ، تؤكد على احتمالية أن المناقشات التي تستمر حتى يومنا هذا بشأن عورة المرأة متأثرة باحتياجات طويلة الأمد.

---

* وبالمثل ، أمرَ الآشوريون (سلالة حاكمة في بلاد ما بين النهرين) أن تغطي زوجاتُ وبناتُ الرجال الأحرار رؤوسَهن في الخارج ، ولكنهم منعوا البغايا وإماء المعابد والخادمات من القيام بذلك. انظر
Dickemann (1981).

** على الرغم من أن العبودية لم تعد قانونية في أي بلد ، إلا أن ما يقدَّر بسبعة وعشرين مليون شخص ما زالوا مستعبدين في جميع أنحاء العالم. انظر
*National Geographic*, Sept. 2003.

كما ذكرنا سابقًا ، فإن غالبية الفقهاء عبر التاريخ يرون أن المرأة يجب أن تغطي كل شيء ما عدا وجهها ويديها عندما تكون في الأماكن العامة. تعتقد أقلية من الفقهاء أن المرأة يجب أن تكون منقّبة بالكامل. ما هو أقل شهرةً هو أن آراء أكثر تساهلًا قد تم تقديمها في التاريخ الإسلامي ، والتي سمحت للمرأة الحرّة بكشف ذراعيها وساقيها وشعرها في الأماكن العامة.[119]

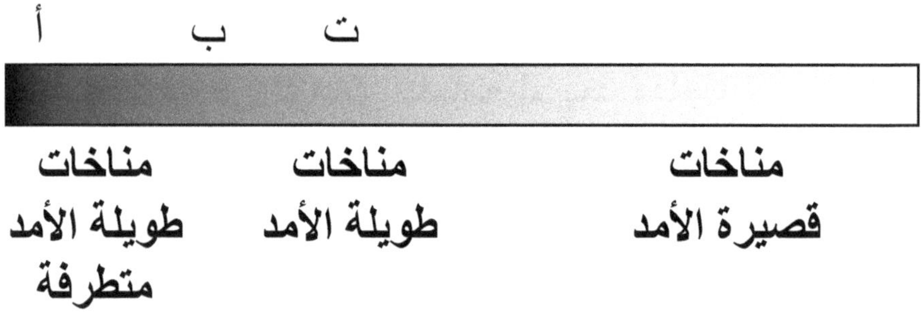

ت
ب
أ
مناخات قصيرة الأمد
مناخات طويلة الأمد
مناخات طويلة الأمد متطرفة

إن هذا التنوع في الآراء يشير إلى أن المصادر النصية الإسلامية في هذا الشأن قابلة لتأويلات متعددة. هل الاعتقاد بأن المرأة يجب أن تكون منقّبة بالكامل في الأماكن العامة هو في النهاية نتيجة تفسير الرجال لمصادر الشريعة من النقطة (أ) على الطيف الإنجابي؟ هل الرأي القائل بأن المرأة يجب أن تغطي كل شيء ما عدا وجهها ويديها هو رأي الأغلبية لأنه الرأي الأقوى ، أم أنه نتيجة أن المناخات الإنجابية الإسلامية عادة ما تقع حول النقطة (ب)؟ هل كانت تُعتبَر الآراء الأكثر تساهلًا الموقفَ الإسلامي السائد لو كانت المناخات الإنجابية للمسلمين عبر التاريخ أقرب إلى النقطة (ت)؟ هذه أسئلة صعبة بدون إجابات واضحة.

## الفصل الرابع

# العقليات المتنافسة

إن تشكيل الائتلافات من قِبل أفراد يسعون إلى التحكّم في موارد ذات قيمة إنجابية هو سمة أنواع متعددة من الرئيسيات.* على سبيل المثال ، يشكّل ذكور الشمبانزي ائتلافات متنافسة من أجل تأمين الوصول الجنسي إلى الإناث. تُظهِر هذه الائتلافات درجة عالية من التعقيد السياسي ، وغالبًا ما تلجأ إلى العنف لتحقيق غاياتها.[120]

الائتلافات البشرية فريدة من نواح كثيرة ؛ لا مثيل لها من حيث الحجم والتعقيد. ومع ذلك ، لا تزال الائتلافات البشرية تعمل في النهاية لتأمين موارد ذات قيمة إنجابية في عالم مليء بالمصالح المتضاربة. في

---

* هذا هو الحال بالنسبة للذكور والإناث معًا.

Low, B., *Why Sex Matters*, 186-189.

هذا الفصل، سوف ندرس الفوائد الإنجابية التي تحاول مختلف الائتلافات تأمينها والمظاهر السياسية للصراعات بين ائتلافات متنافسة.

\* \* \* \* \* \* \* \*

ترتبط العملية التي حصلت من خلالها المرأة الغربية على الحرية والحقوق التي تتمتع بها اليوم ارتباطًا وثيقًا بظاهرة النسوية. منذ بداياتها في أوروبا في القرن الثامن عشر ، تمكنت النسويات بمرور الوقت من إزالة الكثير من عدم المساواة المؤسسية التي كانت موجودة سابقًا في المجتمعات الغربية.[121] مثال رئيسي على ذلك هو الحركة الأمريكية من أجل حق المرأة في الاقتراع ، التي بدأت رسميًا في عام ١٨٤٨ ، ولكن لم تحصل على هدفها حتى ١٩٢٠.[122] الدور الفعّال الذي تلعبه المرأة الغربية الآن في مجالات التعليم العالي والاقتصاد والحكومة يرجع أيضًا ـ إلى حدّ كبير ـ إلى جهود النسوية.

إلى جانب مكافحة عدم المساواة في الحياة العامة ، السمة المميزة للنسوية هي التحدّي للأعراف التقليدية المتنوعة التي تجدها النسويات قمعية. على سبيل المثال، سبّبت (إليزابيث كادي ستانتون) ، إحدى رواد حركة حق المرأة في التصويت ، الكثيرَ من الجدل حول ملابسها حتى سبّب الغضبُ العام تخليها عن أسلوبها السابق في ارتداء الملابس.

بغض النظر عن الطقس أو المهمة التي تقوم بها ، كان من المتوقع أن ترتدي النساء في زمن ومنزلة ستانتون الكورسيهات ، والتنانير الداخلية متعددة الطبقات ، والفساتين الثقيلة التي تصل إلى الأرض. بدلًا من ذلك ، ظهرت ستانتون على خشبة المسرح مرتدية تنورة فضفاضة انتهت بأربع بوصات فقط تحت الركبة فوق بنطلون «تركي» واسع. وجد معظم الرجال والنساء مثل هذه الملابس غير محتشمة بشكل خطير.*

حاربت النسويات أيضًا «الاستبداد المنزلي» الذي يحدث عندما يكون الخيار الوحيد للمرأة هو أن تكون ربة منزل ، مما يُجبِرها على الاعتماد على زوجها للحصول على الدعم ويحرمها من التنشيط الفكري الذي توفِّره الحياة المهنية.[123] كانت النسويات أيضًا في الطليعة في تحدي المواقف التقليدية تجاه الزواج والجنس. بالنسبة للعديد من النسويات ، كانت مؤسسة الزواج هي الوسيلة التي يستخدمها الرجال لاحتكار القدرة الإنجابية للمرأة ولتأمين العمالة المنزلية الرخيصة.[124] تبنّتْ النسويات ، لا سيما في الستينيات ، مواقف أكثر تساهلًا تجاه الجنس

---

* عُرف هذا الزي في ذلك الوقت باسم «الفستان القصير» على الرغم من أنه غطّى أرجل المرأة كلها بشكل فضفاض. سبّبت النساء في حركة التصويت الخلافَ أيضًا بخروجهن علنًا وحضورهن الاجتماعات دون مرافقة الرجال.

Ward, G. and K. Burns, *Not for Ourselves Alone*, 70-71, 3.

أيضًا ، مؤكدات على أهمية حصول النساء على المتعة الجنسية غير المقيّدة بالمفاهيم البطريركية الفيكتورية التي اعتقدت أن النساء لديهن غرائز جنسية أقل من الرجال.[125]

يتزامن الجدول الزمني لظهور وتوسُّع تأثير النسوية تمامًا مع الفترة التي تغيّر فيها المناخ الإنجابي الأمريكي بشكل كبير. هذا ليس عن طريق الصدفة. التغيرات المجتمعية الرئيسية التي سعت إليها النسويات - توسيع دور النساء في الحياة العامة ، والقدرة على الاستقلال المالي عن الرجال ، والمواقف الأكثر ليبرالية تجاه الزواج والجنس - كلها خصائص مناخات إنجابية قصيرة الأمد. يمكن - فعلًا - تعريف النسوية على أنها ظاهرة هدفُها إزالة العقبات التي تقف في طريق النساء لاستخدامهنّ إستراتيجيات إنجابية أكثر قصرًا.

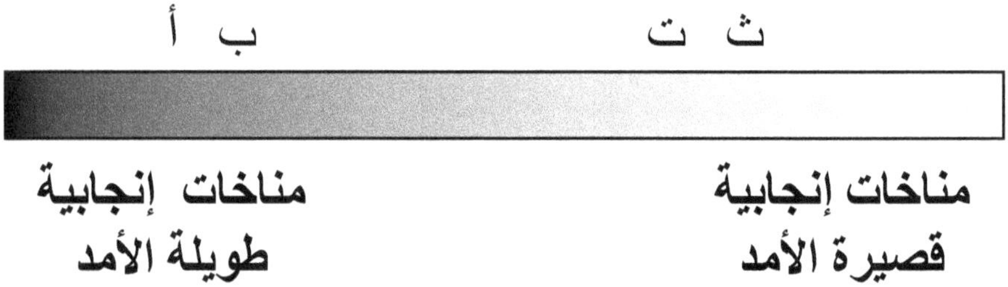

مناخات إنجابية
قصيرة الأمد
مناخات إنجابية
طويلة الأمد

ربما كانت النسويات اللواتي ارتدينَ «الفستان القصير» وعملنَ لتأمين حق المرأة في التصويت يحاولن نقل المناخ الإنجابي في مجتمعهن من النقطة (أ) إلى النقطة (ب) ، بينما أن النسويات في الستينات اللواتي أحرقن صدرياتهن واعتنقن «الحب الحر» كنّ يحاولن نقل المناخ الإنجابي في مجتمعهن من النقطة (ت) إلى

النقطة (ث). في كلتا الحالتين ، المبدأ الأساسي هو نفسه.

باختصار ، تعكِس المؤسسات والأعراف في مجتمع معيّن العقليات الإنجابيةَ لسكان ذلك المجتمع. إن مجتمعًا ذا مناخ إنجابي طويل الأمد سيكون له مؤسسات وأعراف تعكس حقيقة أن رجاله يرغبون في درجة عالية من ثقة الأبوة. بالإضافة إلى انعكاس عقلية إنجابية معيّنة ، فإن مؤسسات المجتمع وأعرافه تعزّز تكوين تلك العقلية في الآخرين. على سبيل المثال ، المجتمع الذي يكبح قدرة المرأة على كسب لقمة العيش لا يعكس فقط حقيقة أن الرجال في ذلك المجتمع ينظرون إلى استقلال المرأة على أنه تهديد لثقة الأبوة ، بل يشجّع أيضًا النساءَ على تبنّي إستراتيجيات طويلة الأمد لأنفسهن ، لأن النساء في هذا المجتمع سوف يجدن صعوبة بالغة في رعاية أنفسهن وأطفالهن وحدهن ، ويجب عليهن أن يقدّمن درجة عالية من ثقة الأبوة حتى يُنظَر إليهن كزوجات مناسبات.

إذا بدأ المناخ الإنجابي في المجتمع بالتغيّر ، فسيبدأ الناس باعتبار المؤسسات والأعراف التي تعكس وتعزز العقلية الإنجابية القديمة بأنها عائق ، وسيعملون على تغييرها. ومع ذلك ، فإن أي محاولة للتغيير ستقاوَم من قِبل الأشخاص الذين لم تتغير عقلياتهم الإنجابية مع تغير الزمان. على سبيل المثال ، كان ظهور النسويات في أمريكا في القرن التاسع عشر ومطالبتهنّ بدور متزايد في المجال العام مظهرًا لتحوّل المناخ الإنجابي الأمريكي، الذي كان يصبح أكثر قصرًا بطبيعته. عكست المقاومة

الأولية من المؤسسات الأمريكية للإذعان لهذه المطالب حقيقةَ أن هذه المؤسسات كانت تحت سيطرة الرجال الأكبر سنًا الذين دفعتْهم عقلياتهم الإنجابية الأكثر طولًا إلى النظر إلى الإصلاحات المقترحة على أنها تهديد غير مقبول لثقة الأبوة لديهم.

ومع ذلك ، مع مرور العقود ، تم استبدال هؤلاء الرجال برجال أصغر سنًا ، جعلتهم عقلياتُهم الأكثر قصرًا ينظرون إلى الدور المتزايد للمرأة في الحياة العامة واستقلالها الاقتصادي على أنه أقل تهديدًا. وأبعد من ذلك، بالنسبة للرجال الذين يتبعون إستراتيجيات قصيرة الأمد ، فإن استقلال المرأة أمر مفيد بذاته ، لأنه يزيد من احتمالية اتّباع النساء لإستراتيجيات قصيرة الأمد. لذلك من المتوقع أن يعمل الرجال والمؤسسات التي ما زالوا يتحكمون بها[126] على تسهيل استقلال المرأة في مناخات إنجابية قصيرة الأمد. إذن ، هل تمثِّل الحريات العديدة التي تتمتع بها النساء الآن في المجتمع الأمريكي انتصارًا لحقوق الإنسان التي كفلها عدد لا يُحصى من الأفراد المكرّسين لتحسين حياة النساء ، أو أنها محاولات لا شعورية من رجال أقوياء لزيادة احتمالية حصولهم على المضاجعة بسهولة؟ يبدو أن الجواب كلاهما!

* * * * * * * *

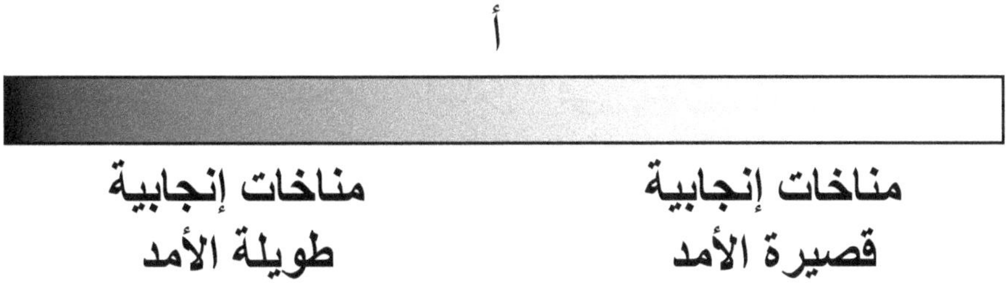

أ

| مناخات إنجابية طويلة الأمد | مناخات إنجابية قصيرة الأمد |
|---|---|

يشير الرسم البياني أعلاه إلى أن المجتمع (أ) في منتصف الطيف فيما يتعلق بمناخه الإنجابي. هذا لا يعني أن كل فرد في المجتمع (أ) يقع بالضبط في منتصف الطيف فيما يتعلق بإستراتيجيته الإنجابية. في حين أن غالبية الناس من المرجح أن يستخدموا إستراتيجيات تعكس الطبيعةَ المتوسطة لمناخ المجتمع (أ) ، سيستخدم بعض الناس إستراتيجيات أكثر قصرًا ؛ سيتبع الآخرون إستراتيجيات أكثر طولًا. نظرًا لأن الناس في نفس المناخ الإنجابي يتبعون إستراتيجيات مختلفة ، يمكن الإشارة إلى المناخات الإنجابية على أنها غير متجانسة.

فما الذي يفسر حقيقة أن الناس في نفس المناخ الإنجابي يستخدمون إستراتيجيات مختلفة ؟ يبدو أن التعرّض للهرمونات في الرحم[127] والاستعداد الجيني[128] يلعبان دورًا في هذا الأمر. سبب آخر لهذه الظاهرة هو أن الناس يعدّلون الإستراتيجيات التي يستخدمونها من خلال مقارنة أنفسهم مع أقرانهم.[129] على سبيل المثال ، يتمتع الرجال الأكثر جاذبية بقدرة أكبر على تأمين فرص جنسية قصيرة الأمد ، بينما يحاول الرجال الأقل جاذبية في كثير من الأحيان التعويض عن كونهم أقل جاذبية من

خلال تقديم التزامات طويلة الأمد للنساء.[130]

سبب آخر يجعل الناس في نفس المناخ يتبعون إستراتيجيات مختلفة هو أن الناس ينشؤون في بيئات عائلية مختلفة. الأسرة هي الوحدة الإنجابية التي يتمتع الطفل بالمعرفة الأكثر مباشرةً بها ؛ لذلك من المتوقع أن يستخدم الطفل هذه المعرفة في تكوين عقليته الإنجابية. على وجه الخصوص ، يلعب وجودُ الأب أو غيابه دورًا مهمًا في الإستراتيجية الإنجابية التي سيستخدمها الطفل. بالنسبة للفتى الذي يكبر بدون أب ، فإن الرسالة الإنجابية هي «لم ير والدُكَ أنه كان من مصلحته الالتزام بامرأة ؛ فلن يكون من مصلحتكَ أيضًا». الرسالة إلى الابنة هي «أمكِ لم تستطع الحصول على الالتزام من رجل. من المرجح ألا تكوني قادرةً على ذلك أيضًا. يبدو أنك تعيشين في مناخ إنجابي قصير الأمد ؛ لذا تصرّفي وفقًا لذلك».[131] ليس من المستغرب أن الأطفال الذين ينشؤون في بيوت فيها أحد الوالدين فقط ، ينتهي بهم الأمر عمومًا إلى أن يكونوا أكثر اختلاطًا جنسيًا من أقرانهم الذين نشأوا مع الأم والأب.[132] مثل هؤلاء الأطفال هم أيضًا أكثر استعدادًا لإنشاء العائلات المحطَّمة عندما يكبرون في المستقبل.[133]

مع تطوّر البشر من مجموعات صغيرة من الصيادين والجامعين (التي كانت صفة مميّزة لمعظم تاريخ البشرية) إلى مجتمعات أكبر ، زادت أسباب وجود المناخات الإنجابية غير المتجانسة بشكل هائل. قد يكون لدولة كبيرة مناخ إنجابي معيّن في منطقة ما ، ومناخ مختلف في

منطقة أخرى. أو قد يكون في المناطق الريفية في بلد ما مناخ أكثر طولًا من الموجود في مدنه. حتى منطقة واحدة يمكن أن تشمل مجتمعات متعددة تنتمي إلى طبقات عرقية واقتصادية واجتماعية مختلفة ، مع كون هذه الاختلافات سببًا لتبنّي إستراتيجيات مختلفة. قد يكون لحَيّ الفقراء داخل مدينة ما مناخ إنجابي واحد بينما يوجد مناخ مختلف تمامًا في الضواحي على بُعد أميال قليلة فقط. وإذا بدأ المناخ الإنجابي بالتغير ، فستُلاحَظ عقليات مختلفة بين الشباب وكبار السن.

المناخات الإنجابية في المجتمعات الإسلامية غير متجانسة بشكل خاص عند مقارنتها بالحضارات الأخرى. يمكن تفسير ذلك إلى حد كبير بالتأثير الغربي على العالم الإسلامي. تقليديًا ، كانت المجتمعات الإسلامية لديها مناخات طويلة الأمد أو طويلة الأمد متطرفة. ومع ذلك ، في عملية بدأت مع الاستعمار ، استورد الغربيون العديد من مؤسساتهم وقيمهم الثقافية إلى العالم الإسلامي. تعكس (وتشجّع) هذه الكياناتُ العقلياتِ الأكثر قصرًا لصانعيها. ومع ذلك ، فإن التغريب في العالم الإسلامي قد تقدّم بطريقة غير متساوية ، حيث أصبحت النخب في البلدان الإسلامية أكثر غربية من عامة الناس. والنتيجة هي أن معظم البلدان الإسلامية لديها مجموعات كبيرة من الأشخاص يستخدمون كل شيء من الإستراتيجيات طويلة الأمد المتطرفة إلى الإستراتيجيات

الأكثر قصرًا في نفس الأماكن.*

* * * * * * * *

كما كنا نناقش ، تشكّل المجتمعاتُ مؤسسات وأعراف لا تعكس عقليةً إنجابيةً معينةً فحسب ، بل تُرقّي أيضًا هذه العقلية على حساب العقليات الأخرى. هذه الترقية والحماية للمصالح الإنجابية المتصوَّرة هي السبب في أن المناخ الإنجابي غير المتجانس يؤدي في كثير من الأحيان إلى النزاع.

ضع في اعتبارك مجموعة من الرجال يتبعون إستراتيجية إنجابية طويلة الأمد متطرفة. هذه الإستراتيجية

* على الرغم من أن الاستعمار أدى بلا شك إلى تفاقم هذه المشكلة، يمكن للمرء أن يجادل بأن المسلمين واجهوا مشاكل سبّبها وجود المناخ الإنجابي غير المتجانس منذ الهجرة ، حيث كان العديد من مسلمي مكة غير راضين عن جرأة النساء وحضورهن العام في المدينة. علاوة على ذلك ، أدّى التوسع العسكري السريع للإسلام في القرن الذي تلا وفاة النبي إلى دمج العديد من المناخات الإنجابية المختلفة في الدولة الإسلامية الجديدة. من المدّعَى أن العديد من الأحكام القانونية المتعلقة بالمرأة ودورها في المجتمع في التاريخ الإسلامي المبكّر قد تأثرت كثيرًا بعادات البيزنطيين والساسانيين المهزومين. في «كتاب القيان» المذكور سابقًا ، ينتقد الجاحظ الرجال الذين بالغوا في تقييد الحياة العامة للمرأة ، مدّعيًا أن الأجيال الأولى من المسلمين لم تكن صارمة إلى حد معاصريه في القرن التاسع.
Abou El Fadl, K., *Speaking in God's Name*, 223, 232. Ahmed, L., *Women and Gender in Islam*, 4-5. Beeston A.F.L., *The Epistle on Singing-Girls of Jāḥiẓ*, 15-17, 22.

مفيدة فقط إذا عاشوا في مجتمع يمكنهم فيه الوصول إلى النساء اللاتي يقدمن درجة عالية من ثقة الأبوة والمنفعة الإنجابية طويلة الأمد. إذن ، سيعمل هؤلاء الرجال على إنشاء مجتمع يشجّع تنمية العقليات الإنجابية طويلة الأمد المتطرفة عند النساء. يتم تحقيق ذلك بوسائل مختلفة ، بما في ذلك التقييد الشديد لفرص التعليم والتوظيف للمرأة ، وتطبيق قواعد اللباس المحافظة للغاية.

الآن ضع في اعتبارك مجموعة من الرجال الذين يتبعون إستراتيجية إنجابية قصيرة الأمد. في هذه الحالة، تكون هذه الإستراتيجية مفيدة فقط إذا عاشوا في مجتمع يمكن فيه الوصول إلى النساء المستعدات على الدخول في علاقات قصيرة الأمد. إذن ، سيعمل هؤلاء الرجال على خلق مجتمع يشجّع على تنمية العقليات قصيرة الأمد عند النساء. يتم تحقيق ذلك أيضًا من خلال وسائل مختلفة ، مثل تسهيل وصول المرأة إلى التعليم والتوظيف ، وإزالة قواعد اللباس المحافظة.

إذا كانت كلتا المجموعتين من الرجال تعيشان في نفس المجتمع ، ينشأ التضارب الهائل في المصالح. من أجل الجدل ، افترضْ أن الرجال في مجتمع معيّن منقسمون إلى مجموعتين. تتكون المجموعة (أ) من رجال يتبعون إستراتيجيات طويلة الأمد متطرفة ، بينما تتكون المجموعة (ب) من رجال يتبعون إستراتيجيات قصيرة الأمد نسبيًا.

ب أ

**إستراتيجيات قصيرة الأمد**

**إستراتيجيات طويلة الأمد متطرفة**

لنفترض الآن أن المجموعة (ب) هي المجموعة الناجحة في تشكيل مؤسسات المجتمع لتتوافق مع احتياجاتها الإنجابية. ستكون النتيجة النهائية هي التغيير في المناخ الإنجابي ، حيث تتبنّى النساء إستراتيجيات إنجابية أكثر قصرًا. بالنسبة للرجال في المجموعة (ب) ، هذا شيء جيد.

بالنسبة للرجال في المجموعة (أ) ، التغيير في الإستراتيجيات الإنجابية عند النساء هو كارثة. تذكّرْ أن الرجال ذوي العقليات طويلة الأمد المتطرفة يعملون على تعظيم لياقتهم الإنجابية من خلال التركيز بشكل حصري تقريبًا على ثقة الأبوة والمنفعة الإنجابية طويلة الأمد. لسوء الحظ بالنسبة لهؤلاء الرجال ، تقدِّم النساء أقل وأقل من هاتين السلعتين حيث يصبح المناخ الإنجابي أكثر قصرًا بطبيعته. كلما كانت نساء المجتمع أكثر اختلاطًا جنسيًا ، كلما قَلّت درجة ثقة الأبوة التي يقدمْنَها. علاوة على ذلك ، حتى إذا كانت هؤلاء النساء يعتزمن الزواج في نهاية المطاف ، فإنهن عمومًا يعارضن الزواج حتى يكبرن ، ويستخدمن شبابهن لاتباع إستراتيجيات أكثر

قصرًا. بالنسبة للرجال الذين يستخدمون إستراتيجيات إنجابية طويلة الأمد متطرفة ، فإن هذا يعني أن الفترة الزمنية التي تتمتع فيها المرأة بأعلى قيمة إنجابية (من حيث المنفعة الإنجابية طويلة الأمد والخصوبة الفورية) تصبح ضائعة بالنسبة لهم. على الرغم من الاضطرار إلى تقديم نفس المستوى من الالتزام كما كان في الماضي، فإن هؤلاء الرجال يحصلون على درجة أقل من ثقة الأبوة، ودرجة أقل من الخصوبة الفورية ، ودرجة أقل من المنفعة الإنجابية طويلة الأمد من الزوجات المحتملات. إذا لم يكن هذا سيئًا بما فيه الكفاية ، حتى عندما تتطلع النساء - اللواتي كن يستخدمن إستراتيجيات قصيرة الأمد في السابق - إلى الزواج ، فإن نوع الرجل الذي يجدنه مناسبًا لهنّ لا يزال يتأثر بعقليتهن الإنجابية العامة. من المرجح أن تجد مثل هؤلاء النساء رجالًا لديهم عقليات طويلة الأمد متطرفة بغيضين ، وأفكارَهم حول الدور العام للمرأة بغيضة أيضًا ، ومن المرجح أن يخترنَ الزواج من رجال لديهم عقليات إنجابية أقرب إلى عقلياتهن. في مثل هذه الظروف ، سيتعين على الرجال في المجموعة (أ) أن يكتفوا بشكل متزايد بالنساء الأقل جاذبية - إذا كانوا قادرين على الزواج على الإطلاق.

تنتظر عواقب كارثية مماثلة للرجال في المجموعة (ب) إذا كانت المجموعة (أ) هي التي تنجح في تشكيل مؤسسات مجتمعها لتتوافق مع احتياجاتها الإنجابية. في هذا الموقف ، ستكون النتيجة النهائية أن تتبنّى النساء إستراتيجيات إنجابية طويلة الأمد متطرفة ، موفّرات

أقصى قدر من ثقة الأبوة والمنفعة الإنجابية طويلة الأمد من أجل تعزيز أهدافهن الإنجابية. طبعًا ، فإن السعي وراء إستراتيجية قصيرة الأمد في مثل هذا المناخ يصبح شبه مستحيل. حتى الاكتفاء بإستراتيجية طويلة الأمد سيكون أمرًا صعبًا ، حيث من المرجح أن تدرك النساء (أو أسَرهن) ـ اللاتي يعملن لتحقيق أقصى قدر من الالتزام طويل الأمد ـ أن الرجال في المجموعة (أ) هم خيارات أفضل بكثير في هذا الصدد.

باختصار ، فإن أي مجموعة لديها إستراتيجية إنجابية معيّنة تتعرض مصالحُها الإنجابية للتهديد الشديد بوجود مجموعات أخرى لديها إستراتيجيات إنجابية مختلفة.* من المستحيل أن يكون المجتمع مناخًا مثاليًا للأشخاص ذوي العقليات طويلة الأمد وأن يكون في نفس الوقت مثاليًا للأشخاص ذوي العقليات قصيرة الأمد. بالنظر إلى الدور المركزي الذي يلعبه تعظيم اللياقة الإنجابية في حياة البشر ، فليس من المستغرب أن يؤدي وجود عقليات إنجابية مختلفة في مكان واحد إلى نزاعات محتدمة وحتى

_____

* تُهدَّد اهتماماتُ النساء أيضًا بوجود نساء أخريات يتبعن إستراتيجيات إنجابية مختلفة. على سبيل المثال ، تتعرض نساء ذوات عقليات طويلة الأمد للضرر بسبب نساء أخريات يتبعن إستراتيجيات قصيرة الأمد ، حيث يقللن احتمالية تقديم الالتزام من قِبل الرجال. يفسر هذا السببَ في أن النساء غالبًا ما يكنّ شديدات الانتقاد للنساء الأكثر اختلاطًا جنسيًا منهنّ ، وغالبًا ما يستخدمن نفس المصطلحات المذِلّة لوصف مثل هؤلاء النساء كما يفعل الرجال.

إراقة الدماء ، خاصة عندما يكون الاختلاف في العقليات الإنجابية كبيرًا جدًا.

\* \* \* \* \* \* \*

من البديهي أن الناس لا يقولون : »الاتجاهات الحالية تهدد قدرتنا على التزاوج مع نساء يقدمن مستويات عالية من ثقة الأبوة« أو »طريقة وصولنا إلى نساء يقدمن الجنس بسهولة تتعرض للخطر.« كيف إذن يعبِّر النزاع بين عقليات إنجابية مختلفة في المجتمعات الإسلامية عن نفسه؟

أحد المظاهر الرئيسية لهذا النزاع هو الجدل الذي يحتدم في جميع المجتمعات الإسلامية تقريبًا حول الدور المجتمعي للمرأة. بأسلوب بدأ في وقت سابق في الغرب، أدى وجود الأشخاص ذوي العقليات قصيرة الأمد نسبيًا في المجتمعات التي تستمر مؤسساتها في تمثيل منظور إنجابي طويل الأمد ، إلى زيادة تأثير النسوية في العالم الإسلامي. يؤيّد أنصار النسوية تغييرات متنوعة هدفُها القضاء على الاختلاف بين عقليتهم الإنجابية والمناخ الإنجابي العام لمجتمعهم ، مما يسمح لهم بمتابعة إستراتيجياتهم الإنجابية بشكل أكثر فعالية. تشمل هذه التغييرات تحسين فرص التعليم والتوظيف للمرأة ، وتنمية دورها في الحياة العامة، وتخفيف قواعد اللباس المحافظة ، وتنمية الوصول إلى وسائل منع الحمل ، وارتفاع الحد الأدنى لسنّ الزواج للمرأة ، وتغيير قوانين

الطلاق ، وإلغاء الحدود من قانون العقوبات ، وتقييد أو حظر تعدد الزوجات ، وتعديل القوانين الإسلامية التقليدية المتعلقة بالميراث.* يتم تقديم مبررات لمثل هذه التغييرات باستعمال مصطلحات إنجابية انفعالية مثل *حقوق الإنسان، وحقوق المرأة ، والإصلاح، والتحديث.*

إن المعارضة العنيفة لمعظم أو لكل هذه التغييرات تأتي من أشخاص يحتفظون بعقلية طويلة الأمد متطرفة، محاولةً لاستخدام نفوذهم للحفاظ على ما أصبح في مرحلة ما الوضع الراهن فيما يتعلق بالمناخات الإنجابية الإسلامية. هذه المجموعة لها مصطلحات إنجابية انفعالية أيضًا ، وتوجِّه نداءات *لاستقرار الأسرة ، والتقاليد ، والدين.*

دعونا نحوّلْ انتباهنا الآن إلى السياسة. تتميز البلدان الإسلامية في جميع أنحاء العالم بدرجة عالية من عدم الاستقرار السياسي. تعود جذور الكثير من عدم الاستقرار هذا إلى نزاع أساسي حول الدور الذي ينبغي أن يلعبه الدين في الحكومة. في أحد طرفي هذا الخلاف ، توجد الفلسفات العلمانية المختلفة ، التي تتفق جميعُها على أن

---

* ميراث البنت في معظم الحالات هو نصف ميراث الابن حسب الشريعة الإسلامية. يرى الكثيرون أن هذا الأمر غير عادل للمرأة بشكل صارخ. ومع ذلك ، يبرّر العديد من المسلمين هذا الموقف بالإشارة إلى أن الإسلام يُثقِل كاهل الرجال بمسؤولية مالية أكبر بكثير.

Badawi, J., *Gender Equity in Islam*, 16-17.

الدين يجب أن يكون له دورًا ضئيلًا أو معدومًا في شؤون الدولة. على الطرف الآخر، هناك أناس يعتقدون أن الإسلام لا يُقصَد به أن يقتصر على الحياة الخاصة. على العكس من ذلك، فهم يزعمون أن تعاليم الإسلام شاملة في طبيعتها وتشمل جميع جوانب الحياة البشرية. مثل هؤلاء يطالبون برفض الأيديولوجيات العلمانية، وتطبيق الشريعة من أجل إقامة دولة إسلامية. في العديد من البلدان الإسلامية، يستمر صراع طويل الأمد بين الحكومة العلمانية والجماعات التي تحاول تأسيس سلطة دينية، حيث تستخدم الحكومة وسائل مثل السجن وتقييد المشاركة السياسية للحفاظ على السلطة.* طالما احتفظت الحكومة بقبضة قوية على السلطة، فإن قدر العنف الناتج عن مثل هذه النزاعات يظل منخفضًا نسبيًا.

عندما يكون للجماعتين دعم سياسي متماثل، فيتجلّى الخطر المحتمل للجدل حول العلمانية / الثيوقراطية بشكل كامل. مثال واضح على ذلك حدث في الجزائر، حيث تحوّل الصراع على السلطة بين الجبهة الإسلامية للإنقاذ والحكومة بعد انتخابات عام ١٩٩١ إلى حرب أهلية وحشية أدّت إلى موت أكثر من مئة ألف شخص.[134] تكرار سيناريوهات متماثلة في بلدان إسلامية أخرى يبقى احتمالًا مشؤومًا.

---

* إن تعامل الحكومة المصرية مع الإخوان المسلمين هو مثال جيد لهذه الظاهرة. انظر

Campagna (1996).

بأي طريقة تكون وجهة نظر المرء عن الدور الذي ينبغي أن يلعبه الدين في الحياة العامة مرتبطةً بعقليته الإنجابية؟ قبل أن نحاول الإجابة على هذا السؤال ، تجدر الإشارة إلى أن الأديان بشكل عام تهدف إلى تشجيع مناخ إنجابي طويل الأمد ، بتقديس رباط الزواج واستنكار الزنا باعتباره خطيئة فظيعة. إن النزعة الإنجابية طويلة الأمد المشترَكة بين أديان العالم الرئيسية واضحة بشكل خاص في الإسلام.

ناقشنا سابقًا كيف أن الآراء الأخلاقية عند الناس تعتمد بشكل كبير على مصالحهم الإنجابية المتصوَّرة؛ ما هو مفيد إنجابيًا يعتبره الناس خيرًا ؛ وما هو ضار إنجابيًا يعتبرونه سيئًا. والدين ، بميله الإنجابي طويل الأمد ، ليس استثناءً من هذه الظاهرة. كلما أصبح المناخ الإنجابي للمجتمع أكثر قصرًا ، كلما قلّت الأهمية التي يوليها الناس لممارسة شعائرهم الدينية. طبعًا ، قد تكون القيم مثل العفة والامتناع عن ممارسة الجنس والإخلاص جيدةً من وجهة نظر دينية ، ولكنها تصبح عوائق مقيِّدة بشكل متزايد حيث يصبح المناخ الإنجابي أكثر قصرًا بطبيعته. عادة ما ترتبط المشاعر الدينية التي تبقى في مثل هذه المجتمعات بالعلاقة الشخصية للفرد مع الله أو بالأمن الذي يتم الحصول عليه من خلال الشعور بالانتماء إلى مجموعة. ومع ذلك ، على الرغم من أن الجوانب الخاصة أو الروحية للدين قد تستمر في الازدهار ، إلا أن الجوانب العامة أو التأديبية للدين تصبح مستهجنة بشكل متزايد ويتم نبذها.

بالنسبة للأشخاص الذين لديهم عقليات إنجابية طويلة الأمد ، فإن المراسم الدينية أكثر فائدةً بكثير. هذا صحيح بشكل خاص فيما يتعلق بالإسلام ،لأن العديد من تعاليمه تروّج بنشاط لتشكيل مناخ طويل الأمد ، مما يضمن للرجال ذوي العقليات طويلة الأمد أن يكونوا قادرين على العثور على نساء يقدمن الفوائد الإنجابية التي يركزون عليها. الرجال ذوو العقليات طويلة الأمد المتطرفة يكونون متحمّسين بشكل خاص للتأكّد من تطبيق فهمهم (وفقط فهمهم) للشريعة الإسلامية. بهذه الطريقة ، يستمرّ السعي لتحقيق أقصى قدر من ثقة الأبوة تحت ستار الإخلاص الكامل لله والرغبة في التأكد من اتّباع الناس أوامرَه بدقة.

تتضح الصلة بين الفلسفات السياسية والعقليات الإنجابية بصراحة من خلال العديد من الثورات التي حدثت في البلدان الإسلامية خلال القرن الماضي. تأسيس تركيا الحديثة ، بقيادة مصطفى كمال أتاتورك في عام ١٩٢٣ ، مثال ممتاز على كيفية استخدام القوة السياسية لخلق مناخ إنجابي يلبّي المتطلبات الإنجابية لدى المنتصرين. ألغِيتْ الخلافة العثمانية ، التي حكمت لأكثر من ستة قرون ، واستُبدِلت بحكومة علمانية.[135] لقد كانت هذه الحكومة تاريخيًا متحمسة للغاية لحرمان

الدين من أي دور في الحياة العامة.* علاوة على ذلك ، تم تنفيذ تغييرات اجتماعية واسعة النطاق ، لا سيما فيما يتعلق بالمرأة. مُنحت المرأة حق التصويت في الانتخابات البلدية في عام ١٩٣٠،** وقد تم تسهيل مشاركتهن في الحياة العامة بشكل فعال.[136] كان أكثر هذه التغييرات رمزيةً هو الموقف من الحجاب ، الذي تم تثبيطه رسميًا.[137] نتائج السياسات المتّبَعة في تركيا واضحة اليوم ؛ في تركيا واحد من المناخات الإنجابية الأكثر قصرًا في العالم الإسلامي.

حاولت السلالة الحاكمة للقصر البهلوي ، التي أعجِبتْ بنموذج أتاتورك للتحديث ، متابعة إصلاحات مماثلة في إيران.[138] ومع ذلك ، تمت الإطاحة بالشاه محمد رضا في الثورة الإسلامية التي قادها آية الله الخميني في عام ١٩٧٩. وعلى العكس تمامًا بما حدث في تركيا ، تم استبدال الحكومة العلمانية بحكم ديني إسلامي مكرّس

---

* أفضل مثال على ذلك ما حدث في عام ١٩٩٩ ، عندما احتج البرلمان التركي على دخول عضوة منتخبة حديثًا جاءت إلى البرلمان مرتدية الحجابَ. كانت في النهاية غير قادرة على أداء قسم الولاء. يرى العلمانيون الأتراكُ الحجاب كرمز للحركة التي تهدف إلى الإطاحة بالنظام العلماني وفرض دولة إسلامية. كان الحجاب محظورًا في الجامعات والمكاتب التركية. انظر
Rumsford (2003).

** مُنحت المرأة الحق في التصويت والترشح في الانتخابات الوطنية بعد أربع سنوات

لإعادة الدين إلى المجال السياسي والعام. ومن المثير للاهتمام أن الموقف الذي تم اتخاذه من الحجاب كان أيضًا مخالفًا تمامًا لما حدث بعد وصول أتاتورك إلى السلطة، حيث أجبِرتْ النساء على ارتداء الشادور الأسود الذي أصبح رمزًا للثورة في الغرب.

إلى جانب فرض قواعد اللباس المحافظة ، تم سَنّ العديد من السياسات التي تلبّي احتياجات الرجال اللذين يركزون على ثقة الأبوة والمنفعة الإنجابية طويلة الأمد. تم إقالة العديد من السياسيات البارزات. تم تخفيض الحد الأدنى لسِنّ الزواج للفتيات من ١٥ إلى ٩.* كان يمكن لأفراد شرطة الآداب أن يسجنوا أو يضربوا النساء اللاتي يخرجن بدون الغطاء المناسب في الأماكن العامة.** ربما كان المثال الأكثر صراحةً على اهتمام الحكومة الجديدة بثقة الأبوة هو إخضاع النساء - اللواتي تم ضبطهن وهنّ على اتصال برجال غير أقارب - إلى اختبارات العذرية![139]

---

* على ما يبدو ، تم اختيار سن التاسعة لأنه رُوي أن هذا كان عمر عائشة عندما تم إتمام زواجها من النبي.
Poonawala, I., *The History of al-Ṭabarī Volume IX*, 130-131.

** تجدر الإشارة إلى أن النساء خدمن أيضًا في شرطة الآداب وأحيانًا كنّ متحمسات إلى نفس درجة الرجال لضبط ملابس النساء. هذا مثال جيد على إمكانية التوافق لمصالح النساء اللواتي يسعين إلى التزام طويل الأمد مع مصالح الرجال الذين يسعون إلى ثقة الأبوة.

تجدر الإشارة إلى أن الثورة لم تضع حدًا للنضال من أجل تحديد المناخ الإنجابي الإيراني. تتعرض الحكومة الدينية السائدة لضغوط متزايدة من قِبل العديد من مواطنيها الذين يرغبون في مناخ إنجابي أكثر قصرًا بطبيعته. تشمل بعض مظاهر هذه الظاهرة الدعوات إلى مجتمع أكثر علمانية ، وتنمية الدور العام للمرأة ، وإعادة تفسير لعدّة جوانب الشريعة الإسلامية.[140]

بدأ مثال أكثر حداثة وتطرّفًا على ثورة ذات آثار إنجابية واضحة في أفغانستان في عام ١٩٩٤ ، مع صعود طالبان.[141] مرة أخرى ، العلاقة بين النظرة السياسية (في هذه الحالة ثيوقراطية شديدة المحافظة) والعقلية الإنجابية (ربما النموذج الأولي للعقلية الطويلة الأمد المتطرفة) واضحة جدًا. قصة بداية ثورة طالبان مثيرة جدًا للاهتمام. على ما يبدو ، بدأ الاستيلاء للانتقام من جنود اغتصبوا امرأتين. تم القبض على الجناة فشُنقوا من برج دبابة.[142] ربما كانت حركة طالبان قلقة للغاية بشأن رفاهية المرأة ، وفكرة إساءة معاملتها بهذه الطريقة جعلتهم يخاطرون بأنفسهم في عمل فروسية. ومع ذلك ، فإن معاملتهم للمرأة أثناء وجودهم في السلطة تؤدي إلى الشك في هذه النظرية. تجدر الإشارة إلى أن عدم القدرة على منع رجل آخر من ممارسة الجنس مع زوجتك هو من أفظع التهديدات المتصوَّرة لثقة الأبوة. بملاحظة نظرتهم

السياسية ومعاملتهم للمرأة خلال فترة حكمهم القصيرة ، *
فمن المناسب أن تكون ثورة طالبان قد نشأت بسبب تهديد
لثقة الأبوة.

باختصار ، تتأثر العقليات الإنجابية بشكل كبير بالمناخ
الإنجابي السائد الذي ينشأ فيه الناس. ومع ذلك ، عندما
تصبح العقليات الإنجابية مكتملة التكوين ، يتوقف الناس
عن التكيف مع مناخاتهم الإنجابية ويحاولون بدلًا من ذلك
إجبار مناخاتهم الإنجابية على التكيف معهم. عندما تنشأ
عقليات إنجابية متعددة في نفس المجتمع ، تُزرَع بذور
النزاع ، حيث لا يمكن أن يكون المناخ الإنجابي العام
مثاليًا للعقليات الإنجابية المختلفة في وقت واحد.

ينعكس النضال لإنشاء وتعزيز مناخ إنجابي يتوافق
مع العقلية الإنجابية للفرد في الفلسفات السياسية التي
يتبنّاها الناس. في العالم الإسلامي ، أدت الطبيعة غير
المتجانسة للغاية للعقليات الإنجابية للمسلمين إلى وجود
وجهات نظر سياسية مختلفة جدًا ، حيث كثيرًا ما يعيش
العلمانيون المتعصّبون والثيوقراطيون المتعصبون جنبًا
إلى جنب. عندما تتمكن إحدى المجموعات من الوصول
إلى السلطة ، فإنها تستخدم هذه القوة بسرعة لتشجيع إنشاء

_____

* تمّت كتابة الإصدار الأصلي لهذا الكتاب قبل رجوع طالبان إلى
السلطة في عام ٢٠٢١. (المترجم)

مناخ إنجابي يتوافق مع عقليتها الإنجابية. يقدم التاريخ الإسلامي الحديث أمثلة واضحة لهذه الظاهرة ، وما زال العنف والاضطراب الناتجَين عن هذا الصراع يبتليان أو يهددان العديد من البلدان الإسلامية حتى يومنا هذا.

* * * * * * * *

الصراع السياسي الذي ينشأ بسبب وجود عقليات إنجابية مختلفة ليس ظاهرة مقتصرة على العالم الإسلامي. نفس الديناميكية ، وإن كانت في شكل أقل مبالغة ، موجودة أيضًا في الولايات المتحدة. الانقسام السياسي الرئيسي في السياسة الأمريكية هو بين الجمهوريين / المحافظين من ناحية ، والديمقراطيين / الليبراليين من ناحية أخرى.* العديد من الاختلافات المميزة في مواقف كلا المجموعتين تنبع من كون المحافظين ذوي عقليات إنجابية أكثر طولًا من الليبراليين ،[143] ويمكن اعتبار الصراع المستمر بينهما جزئيًا محاولةً كلا المجموعتين تشكيلَ المناخ الإنجابي الأمريكي العام حسب رغبات كل منهما.

---

* يتأثر الانقسام الديمقراطي / الجمهوري بشكل كبير بالجغرافيا. كانت الخريطة الانتخابية الرئاسية لعام ٢٠٠٤ مثالًا واضحًا على هذا الواقع ، حيث فاز الديمقراطيون بولايات الساحل الشرقي والساحل الغربي وفاز الجمهوريون بجميع الولايات الأخرى تقريبًا. يعكس هذا التقسيم حقيقة أن المناخ الإنجابي في المناطق الساحلية الحضرية الأكثر علمانية هو أكثر قصرًا بطبيعته من مناخ المناطق الريفية الأكثر تدينًا.

كما ناقشنا سابقًا ، تتشكل المواقف تجاه الدور الذي ينبغي أن يلعبه الدين في الحياة العامة بالمناخ الإنجابي للمجتمع. بالنظر إلى الطبيعة قصيرة الأمد نسبيًا للمناخ الإنجابي في أمريكا ، فإن طبيعتها العلمانية في الغالب لا ينبغي أن تكون مفاجئة. ومع ذلك ، تستمر محاولات الجماعات ذات عقليات طويلة الأمد نسبيًا للاحتفاظ بدور الدين في الحياة العامة ، حتى لو كان بشكل محدود. من مظاهر هذا الأمر هو دعوة المحافظين للصلاة في المدارس أو لعرض الوصايا العشر أمام المحاكم. من ناحية أخرى، يعارض الليبراليون عادةً مثل هذه السياسات ، مدّعين أنها تفرض تعاليم دينية على أشخاص قد لا يقدِّرونها ، وتنتهك بذلك الفصل بين الكنيسة والدولة.

ترتبط السلوكيات الإنجابية قصيرة الأمد بمجموعة متنوعة من النتائج السلبية ، خاصة بالنسبة للنساء. من أخطرها اثنان : الحمل غير المرغوب فيه ، وانتشار الأمراض المنقولة جنسيًا. كيف ينبغي أن يكافح المجتمع هذه العلل؟ يشعر الأشخاص ذوو العقليات قصيرة الأمد (الذين تكون السلوكيات قصيرة الأمد جزءًا مهمًا من إستراتيجيتهم الإنجابية) أنه من الأفضل سن سياسات تهدف إلى التخفيف من الآثار الضارة للسلوك الاختلاطي جنسيًا.

يتعامل الأشخاص ذوو العقليات طويلة الأمد مع القضية بشكل مختلف تمامًا. مرة أخرى ، يمثّل الأشخاص الذين يشاركون في السلوك الإنجابي قصير الأمد تهديدًا

خطيرًا للأشخاص الذين يستخدمون إستراتيجيات طويلة الأمد. يجد الرجال صعوبة في العثور على نساء يقدمن درجة عالية من ثقة الأبوة ، وتجد النساء صعوبة في العثور على رجال مستعدين لتقديم التزام طويل الأمد. هؤلاء الناس ليس لديهم حافز لتقليل المخاطر المحتملة للسلوك الاختلاطي جنسيًا. على العكس من ذلك ، فهُمْ فعلًا يستفيدون من أن تكون تكاليف هذا السلوك مرتفعة بقدر الإمكان ، لأن هذه التكاليف قد تدفع المزيد من الناس إلى تبنّي إستراتيجيات طويلة الأمد.

على سبيل المثال ، ضع في اعتبارك قضايا حمل المراهقات ،* والمعدل المثير للقلق الذي يصاب به المراهقون الأمريكيون بالأمراض المنقولة جنسيًا.** بالنسبة لليبراليين ، يمكن مواجهة هذه المشاكل بشكل أكثر فعالية من خلال تثقيف الشباب حول مخاطر النشاط الجنسي والاستخدام السليم لأنواع وسائل منع الحمل المتاحة. يذهب بعض الليبراليين إلى أبعد من ذلك ويدعون إلى التوفير المباشر لوسائل منع الحمل للمراهقين لزيادة

_____

* كان معدل حمل المراهقات في الولايات المتحدة من عام ١٩٩٠ إلى عام ٢٠٠٠ : ٨٤.٥ حالة حمل لكل ١٠٠٠ فتاة مراهقة. انظر Ventura et al. (2004).

** من حوالي ١٨.٩ مليون حالة جديدة من الأمراض المنقولة جنسيًا التي حدثت في الولايات المتحدة في عام ٢٠٠٠ ، حدثت ٩.١ مليون حالة (٤٨ في المائة) لأشخاص تتراوح أعمارهم بين ١٥ و ٢٤ عامًا. انظر

Weinstock, Berman, and Cates Jr. (2004).

احتمالية استخدامها. في النهاية ، سيمارس الشباب الجنس؛ لذلك من الأفضل أن يفعلوا ذلك بالطريق الأكثر أمانًا ، أليس كذلك؟

نعم ، هذا خطأ ، كما يقول معظم المحافظين. بالنسبة لهم ، فإن تشجيع المراهقين على استخدام وسائل منع الحمل يشبه تشجيع الأشخاص الذين يقودون سياراتهم وهم في حالة سكر على استخدام أحزمة الأمان. بل من خلال منح المراهقين إحساسًا زائفًا بالأمان ، عن طريق تشجيع استخدام وسائل منع الحمل ، قد يقوم المراهقون بممارسة سلوك اختلاطي جنسيًا بشكل أكبر ، مما يجعلهم أقل أمانًا. في نهاية المطاف ، يجادل المحافظون بأن المشاكل المجتمعية العديدة المرتبطة بالاختلاط الجنسي في سن المراهقة ، هي انعكاس للفسوق المتأصل في الاختلاط الجنسي ، ولا يمكن مكافحتها إلا من خلال تشجيع العلاقات الأحادية والامتناع عن الجماع قبل الزواج.*

إن القضية التي توضح الصراع السياسي الناتج عن اختلاف العقليات الإنجابية في الولايات المتحدة بشكل أكثر صراحة هي الإجهاض. من المحتمل أن يشعر كائن

---

* أقرّ الكونغرس الذي يهيمن عليه الجمهوريون مشروع قانون في عام ١٩٩٦ خصص مئات الملايين من الدولارات لبرامج «الامتناع عن ممارسة الجنس فقط» التي تحظر على وجه التحديد توفير المعلومات حول استخدام موانع الحمل. زاد تمويل هذه الأنواع من البرامج بشكل ملحوظ خلال إدارة بوش. انظر Dailard (2006); Sonfield and Gold (2001).

فضائي يتمتع بفهم أولي لبيولوجيا الإنسان بالحيرة من الأهمية التي يوليها الكثير من الناس لهذه القضية. إذا أرادت امرأة ما إنهاء حملها، فلماذا يريد آخرون (خاصةً أشخاص لا يعرفونها) إيقافها؟ لماذا يهتمّون؟

على مدار تاريخ البشرية، كانت الأضرار المحتملة ـ بالنسبة للنساء اللواتي يستخدمن إستراتيجيات قصيرة الأمد ـ شديدة. من الواضح أن أكثر هذه الأضرار فوريةً وخطورةً هو الحمل غير المرغوب فيه. إن الاضطرار إلى تربية طفل دون مساعدة رجل بالإضافة إلى خطر النبذ من المجتمع كانا بمثابة روادع قوية لاتّباع إستراتيجيات قصيرة الأمد.

من خلال منح النساء خيار الانسحاب من الحمل غير المرغوب فيه، يساعد الإجهاض في إزالة ما قد يكون العقبة الكبرى أمام تبنّي إستراتيجيات قصيرة الأمد من قِبل كلا الجنسين. هذا هو السبب في أن الجماعات ذات عقليات قصيرة الأمد نسبيًا، مثل الليبراليين والنسويات، متحمسون جدًا لتأمين شرعيته وتوفّره. وهذا هو السبب أيضًا في أن الجماعات ذات عقليات طويلة الأمد، مثل المحافظين والعديد من الجماعات الدينية، متحمسون جدًا لحماية حقوق الأجنة.*

_____

* ينطبق نفس المنطق على معارضة المحافظين لأبحاث الخلايا الجذعية الجنينية، التي يمكن أن تحدث ثورة في علاج العديد من الأمراض.

* * * * * * *

ربما يكون الاتجاه الأكثر تأثيرًا في العالم في بداية القرن الحادي والعشرين هو العولمة. كثيرًا ما يقال أن العالم يتحول بسرعة إلى قرية عالمية. في الفصل الأخير، ناقشنا كيف تؤدي المصالح الإنجابية المتنافسة الموجودة في مناخ إنجابي غير متجانس إلى الصراع داخلَ المجتمع. مع التقدّم المتسارع للعولمة، قد يتوقع المرء أن تأخذ هذه الظاهرة مظهرًا دوليًا.

سيكون من السذاجة الاعتقاد بأن العولمة هي عملية يتأثر فيها كل مجتمع بكل مجتمع آخر بطريقة متساوية. يمكن فهم العولمة إلى حد كبير بأنها التغريب بشكل عام والأمركة بشكل خاص.[144] من وجهة النظر الإنجابية، سمحت العولمة للكيانات التي عملت على جعْل المناخات الإنجابية الغربية أكثر قصرًا، بأن يتم زرعها بسرعة في جميع أنحاء العالم.

يشعر العديد من المسلمين في جميع أنحاء العالم بالانزعاج من الدرجة المتزايدة من التغريب في مجتمعاتهم، الذي يُعتقَد على نطاق واسع أن تأثيراته تؤدي إلى ابتعاد

الناس عن دينهم والميل إلى الانحلال الأخلاقي.* بعبارة أخرى ، يرى العديد من المسلمين في جميع أنحاء العالم بشكل صحيح أنّ التأثيرات الغربية على مجتمعاتهم هي تهديد خطير لمعيشتهم الإنجابية طويلة الأمد. على سبيل المثال ، ما مدى فعالية إلزام النساء بارتداء الحجاب في الأماكن العامة في تشكيل العقليات الإنجابية طويلة الأمد إذا كان الناس يعودون إلى منازلهم ، يثبتون أطباق القمر الصناعي ، ويشاهدون مسلسل «بيواتش»؟** تعكس وسائل الإعلام الغربية ، والمؤسسات التعليمية والقانونية والاقتصادية الغربية ، وحتى الأنواع الغربية من المباني، العقليات الإنجابية لصنّاعها وتعزّزها بنشاط. في ضوء ذلك ، من المتوقع وجود خط أساس للمشاعر المعادية للغرب. هذا هو الحال بشكل خاص بين المسلمين الذين لديهم عقليات طويلة الأمد متطرفة ، لأنهم هم الذين تتأثر إستراتيجياتهم الإنجابية بشكل أكثر سلبًا بالتأثيرات الغربية على مجتمعاتهم.

---

* ادّعى العديد من الإسلاميين أيضًا بأن مفهوم «تحرير المرأة» هو أداة يستخدمها الغرب الإمبريالي لتدمير النسيج الأخلاقي للمجتمعات الإسلامية من أجل تسهيل إخضاعها. انظر

Najmabadi (1981) and Barber, B., *Jihad vs. McWorld*, 210.

** في وقت من الأوقات ، كان «بيواتش» هو البرنامج التلفزيوني الأكثر شعبية على هذا الكوكب ، حيث يقدَّر عدد مشاهديه الأسبوعي بنحو ١.١ مليار شخص في ١٤٢ دولة. انظر

*BBC News*, Mar. 22, 2001.

على الرغم من أن السرعة المتزايدة للعولمة قد شجّعت في الغالب على انتشار القيم الأكثر قصرًا في جميع أنحاء العالم ، إلا أن هناك استثناءات مهمة للقاعدة العامة. الوهابية هي مدرسة فكرية في الإسلام نشأت في شبه الجزيرة العربية في القرن الثامن عشر.[145] غالبًا ما يوصف الوهابيون بأنهم محافظون وصارمون للغاية في تفسيرهم للشريعة الإسلامية.[146] هذا هو الحال بشكل خاص فيما يتعلق بمنزلة المرأة.[147] في الواقع ، يمكن وصف الوهابية بأنها المثال الرئيسي لتفسير الإسلام الذي يظهر عندما يفسره أعضاء مناخ إنجابي طويل الأمد متطرف. في البداية ، ظلّت الوهابية غامضة نسبيًا ، وكانت محصورة إلى حد كبير في شبه الجزيرة العربية.[148] ومع ذلك ، في الخمسين عامًا الماضية ، كانت هناك زيادة هائلة في عدد المسلمين الذين يزورون المملكة العربية السعودية بغرض الحج والعمرة. علاوة على ذلك ، سمحت الثروة الضخمة الناتجة عن النفط للسعودية بنشر التعاليم الوهابية بنشاط في جميع أنحاء العالم بوسائل مختلفة ، بما في ذلك النشر المتسلسل للأدب الإسلامي ، وبناء المساجد والمدارس الدينية ، وتمويل منظمات إسلامية متنوعة.[149] مكّنت هذه الجهود الوهابيةَ من جذب الأتباع والتأثير على ممارسات المسلمين في جميع أنحاء العالم.

في جميع أنحاء العالم ، توجد مجموعات صغيرة من المسلمين مكرّسة لإزالة التأثير السياسي الغربي على الدول الإسلامية من أجل الإطاحة بالحكومة وإقامة دولة إسلامية صحيحة. مثل هذه الجماعات لا تشعر بالحرج

من استخدام العنف ضد المدنيّين لتحقيق أهدافها ، مما يؤدي إلى ارتباط الإسلام بشكل متزايد -في العقل الغربي- بالإرهاب. ظهر هذا الارتباط بوضوح في ١١ سبتمبر ٢٠٠١ ؛ سيُتذكَّر هذا اليوم بلا شك كنقطة تحوّل في القرن الحادي والعشرين. أدى ارتكاب المسلمين أعمالَ ذلك اليوم باسم الإسلام إلى نقاش ساخن حول الأسباب الكامنة وراء الكراهية العميقة عند العديد من المسلمين للغرب بشكل عام وأمريكا بشكل خاص.

تم تقديم العديد من النظريات في محاولة لشرح جذور الإرهاب الإسلامي. يعتقد بعض الناس أن بعض المسلمين يكرهون الحريات الموجودة في المجتمعات الغربية ؛ [150] آخرون يشيرون إلى الوحشية المتأصلة في الإسلام نفسه.[151] من ناحية أخرى ، ألقى بعض المعلقين اللوم على الفقر ، والأنظمة القمعية التي لا تسمح للإسلاميين بأي وسيلة مشروعة للتعبير السياسي ، وعلى السياسة الخارجية الأمريكية.[152]

ليس في نيّتنا تقييم صحة (أو عدم صحة) النظريات المذكورة أعلاه. لا شك أن جذور الإرهاب الإسلامي معقّدة ؛ يلعب العديد من العوامل دورًا في تكوين الصورة العامة. ومع ذلك ، يبدو أن أحد الأسباب الجذرية للإرهاب الإسلامي هو الاختلاف في العقليات الإنجابية بين الإرهابيين وأعدائهم.

بالطبع ، سيكون من المبالغة في التعميم أن نقول إن

كل مسلم لديه عقلية إنجابية طويلة الأمد متطرفة يرى الغرب حتمًا على أنه العدو الأكبر للإسلام ويكون مستعدًّا لاستخدام أي وسيلة ممكنة لمقاومة الهيمنة الغربية. ومع ذلك، فإن الصلة بين العقلية طويلة الأمد المتطرفة والإرهاب لا لبس فيها. من الثوابت لدى الإرهابيين الإسلاميين في جميع أنحاء العالم الانتماء إلى المذهب الوهابي.[153] في حين أن جميع المسلمين ذوي عقليات طويلة الأمد متطرفة ليسوا إرهابيين ، يبدو أن جميع الإرهابيين هم أصلًا من مناخات إنجابية طويلة الأمد متطرفة ، أو تلقّوا تعليمًا إسلاميًا في مناخ طويل الأمد متطرف ، أو يلتزمون بتفسير للإسلام نشأ في مناخ طويل الأمد متطرف.

مثال واضح على هذه الظاهرة هو أن خمسة عشر من تسعة عشر خاطفًا في ١١ سبتمبر كانوا من أصل سعودي- وكذلك كان العقل المدبر للعملية أسامة بن لادن. علاوة على ذلك ، كان مقرّ الجماعة المسؤولة عن الهجمات (القاعدة) في أفغانستان ، تحت حماية حكومة طالبان.[154] تجدر الإشارة إلى أن السعودية وأفغانستان (خاصة أفغانستان تحت حكم طالبان) كلاهما النموذجان المثاليان لمناخ إنجابي طويل الأمد متطرف. لم يكن لدى السعودية وأفغانستان تحت حكم طالبان وجهات النظر الأكثر تحفّظًا من أي دولة على وجه الأرض فيما يتعلق بالدور العام للمرأة فحسب ، بل كان لديهما أيضًا الأنظمة الثيوقراطية الأكثر محافظةً في العالم. لا ينبغي أن يكون الارتباط بين وجهات النظر حول المرأة ، ووجهات النظر حول طبيعة الحكومة ، ووجهات النظر حول الغرب مفاجئًا، لأنها

جميعًا في نهاية المطاف مظاهر لعقلية إنجابية طويلة الأمد متطرفة. خاصةً بعد ١١ سبتمبر ، قيل الكثير حول عدم التوافق المفترض بين الغرب والإسلام. وحتى لو كنا نشهد «صدام الحضارات» ،* يمكن أيضًا وصف الصراع الحالي كصدام العقليات الإنجابية.

---

* أصبح هذا التعبير مشهورًا بسبب كتاب أمريكي مؤثِّر ألَّفه (صامويل هنتنجتون).

# خاتمة

يبدو أن الفائدة في استخدام علم النفس التطوري كمنظور لتحليل السلوك البشري هي أمر لا جدال فيه. من شرح كراهية النساء في كلمات مغني الراب إلى شرح كراهية النساء في فتاوى شيخٍ ما ، يقدم علم النفس التطوري رؤية عميقة لمجموعة واسعة من السلوكيات ، على المستوى الفردي والمجتمعي. الموضوع الأخير الذي نود مناقشته قبل اختتام هذا الكتاب هو إمكانية استخدام هذه الرؤية لتحسين حالة الإنسان.

هناك مجموعة متنوعة من العقبات الصعبة للغاية التي تقف في طريق هذا المسعى. في البداية ، يؤكد علم النفس التطوري على حياده في وصف وشرح السلوك البشري ، ولا يحاول تقديم الاقتراحات لكيفية استخدام هذه المعرفة بشكل مفيد. الاقتباسات التالية توضح وجهة النظر هذه :

> لا يقدم علم النفس التطوري أي تبرير أخلاقي لأي برنامج سياسي. علم النفس التطوري مجرد علم ، والعلم يدور حول اكتشاف الحقائق ، وليس إصدار أحكام قيمية. قد يكون وصف الطريقة التي يتصرف بها البشر بالفعل صحيحًا أو خاطئًا ، ولكن الادعاء حول الكيفية التي ينبغي

> أن يتصرف بها البشر ليس صحيحًا ولا خاطئًا - إنه مجرد رأي شخصي قائم بذاته.[155]

> العلوم ، بما في ذلك علم النفس التطوري ، تقتصر على تقديم ادعاءات عن الواقع ، وتترك عمل الأحكام القيمية للأخلاق. الأسئلة الأخلاقية لا يمكن الإجابة عليها بالعلم.[156]

هذه الرغبة في الحفاظ على علم النفس التطوري كمجال أكاديمي محايد تمامًا تعززها الطريقة التي استخدم بها الداروينيون الاجتماعيون وعلماء تحسين النسل النازيون، النظريةَ الداروينية لتبرير سلوكيات تراوحت من إهمال الفقراء إلى الإبادة الجماعية.[157]

هناك عقبة أخرى تُعيق استخدام علم النفس التطوري لتوجيه السياسة ، وهي الطريقة المعقدة والمتعددة الأوجه التي تُشكّل بها الاحتياجاتُ الإنجابية نطاقًا واسعًا للغاية من السلوك. كما كنا نناقش ، فإن المناخ الإنجابي العام للمجتمع يُشكّل آراء الناس حول مجموعة متنوعة من القضايا. علاوة على ذلك ، يبدو أن أي مناخ إنجابي له مجموعة خاصة به من الفوائد والأضرار. على سبيل المثال ، أرجحيّة الاستقرار الأسري تكون أكبر في مناخ طويل الأجل ، بينما تكون البيئة أفضل لمعظم القضايا المتعلقة بحقوق المرأة في مناخ قصير الأجل. إن القيام بقياس الجوانب الإيجابية والسلبية لمناخ معيّن ثم مقارنة هذا المناخ بمناخ آخر سيكون مَهمة معقّدة للغاية. سيكون

هذا هو الحال حتى لو حاول الأشخاص المشاركون في هذه المقارنة أن يكونوا موضوعيين تمامًا في تفكيرهم.

هذا يقودنا إلى عقبة هائلة أخرى. أفكار الناس حول القضايا المتعلقة بالمناخات الإنجابية هي آليات مصمَّمة لمساعدتهم على تعظيم لياقتهم الفردية في المناخ المعيّن الذي يعيشون فيه - وليس لتكون في مصلحة البشر.[158] إن التفكير الموضوعي حقًا في العديد من الأمور الإنجابية قد يكون أبعد من قدرة الإنسان. من المحتمل جدًا أن أي محاولة لادعاء تفوّق مناخ إنجابي معيّن ستعكس فقط عقليةَ المدّعي ، بغض النظر عن جميع محاولات الناس ليكونوا موضوعيين قدرَ الإمكان.

يبدو أيضًا أن احتمالية استخدام الرؤية التي يوفرها علم النفس التطوري بطريقة مفيدة من قِبل المسلمين ، بعيدة جدًا بشكل خاص ، حيث أنها تستند إلى نظرية عن الأصول البشرية يبدو أنها تتعارض بشكل مباشر مع أصل البشرية كما يقدمه القرآن.* هذا أمر مؤسف للغاية ، حيث أن الكثير من القبح المرتبط بالعالم الإسلامي ينبع في

* القرآن ٧: ١١-٢٥. للحصول على مثال على عدم ثقة العديد من المسلمين في نظرية التطوّر ، انظر «خديعة التطور» لهارون يحيى. يدّعي هذا الكتاب ، الذي قرأه الملايين وتُرجم إلى لغات متعددة ، أن التطور يرتكز على نظرية المادية التي لا أساس لها ، وأنه أدى إلى معاناة إنسانية لا توصف من خلال كونه سببًا جذريًا للعنصرية والشيوعية والفاشية والإرهاب.

النهاية من العقلية الإنجابية طويلة الأمد المتطرفة للعديد من الرجال المسلمين.

ومع ذلك ، فإن التطبيقات المحتملة لعلم النفس التطوري عديدة جدًا. على سبيل المثال ، يمكن إجراء بحث في محاولة التحديد الدقيق لكيفية تطوُّر العقليات الإنجابية لدى الأشخاص. (ما هو العمر الذي تبدأ فيه هذه العملية؟ متى تنتهي؟ ما هي جميع العوامل المساهمة وأهميتها النسبية في تشكيل عقلية الفرد؟) يمكن لعلم النفس التطوري أيضًا تقديم المشورة بشأن الطرق الأكثر جدوى وفعالية لتغيير المناخ الإنجابي للمجتمع ، بغض النظر عما إذا كان المناخ الحالي يُعتبَر مفرطًا بالنسبة للقصر أو الطول.

ربما يمكن لعلم النفس التطوري أن يقدم اقتراحات حول المدة الزمنية لإحداث هذه التغييرات ، مما يضمن حدوث التغيير بطريقة سريعة ، مع تجنُّب العديد من المشكلات المجتمعية التي تحدث عندما يتغير المناخ الإنجابي بسرعة مفرطة ويبدأ الناس في الشعور بأن مصالحهم الإنجابية مهدَّدة. بهذه الطريقة ، يمكن القيام بمحاولات مدروسة لتسخير رغبة الناس في تعظيم لياقتهم للحصول على أكبر قدر ممكن من المنفعة الفردية والمجتمعية.

# حواشي

1     Evans, D. and O. Zarate, *Introducing Evolutionary Psychology*, 3.

2     Wright, R., *The Moral Animal*, 28.

3     Daly, M. and M. Wilson, *Sex, Evolution, and Behavior*, 185-187, 199-202.

4     See Trivers (1972).

5     See Orians (1969).

6     Symons, D., *The Evolution of Human Sexuality*, 35-36.

7     See Walsh (1993).

8     Wright, R., *The Moral Animal*, 57.

9     Ibid., 96-100.

10     Ibid., 100.

11     Black, E., *War Against the Weak*, xv-xvii.

12     See Cagatay (1998).

13     See Weisfeld (1990).

14     Buss, D., *Evolutionary Psychology: The New Science of the Mind*, 183.

15     Wright, R., *The Moral Animal*, 91.

16     Cashdan (1996), 138. Also see Gaulin and Boster (1990).

17     See Kleinman (1977).

18     See Alexander et al. (1979).

19     See Low (2005) and Wright, R., *The Moral Animal*, 90.

20     Wright, R., *The Moral Animal*, 101, 104.

21     Buss, D., *Evolutionary Psychology: The New Science of the Mind*, 184.

22     Williams, G., *Sex and Evolution*, 128.

23     See van Noord-Zaadstra et al. (1991).

24     See Snijders et al. (1999).

25     Wright, R., *The Moral Animal*, 65.

26     Ibid., 87.

27     See Weigel and Weigel (1987).

28    See Black (2001).

29    See Wittenberger and Tilson (1980).

30    MacDonald, D., *The Encyclopedia of Mammals*, Volume One, 20.

31    See Wittenberger and Tilson (1980).

32    See Pickering and Berrow (2001).

33    See Ellwood and Jencks (2004).

34    Wright, R., *The Moral Animal*, 73-74.

35    Jay-Z, "Big Pimpin'," *Vol. 3... Life and Times of S. Carter.*

36    Wright, R., *The Moral Animal*, 74.

37    See Apicella and Marlowe (2004); Gaulin and Schlegel (1980).

38    See Cashdan (1993), Miller (1994), and Gangestad and Simpson (2000).

39    50 Cent, "Patiently Waiting," *Get Rich or Die Tryin'.*

40    See Cashdan (1993).

41    See Mikach and Bailey (1999).

42    See Kasser and Sharma (1999).

43    See Koyama, McGain, and Hill (2004).

44    Destiny's Child, "Independent Women Part I," *Charlie's Angels: Music from the Motion Picture.*

45    Diamond, J., *The Third Chimpanzee*, 78.

46    See Barkow (1992).

47    See Cashdan (1993).

48    Riordan, T., *Inventing Beauty*, 15-16, 34.

49    Wright, R., *The Moral Animal*, 70.

50    See Cashdan (1993) and Simpson, Gangestad, and Biek (1993).

51    For a rap song that chronicles the differences in the lovemaking of women employing long-term strategies versus women employing short-term strategies, see "Splash Water falls" by Ludacris on the album *Chicken-N-Beer*. Also see Simpson  and Gangestad (1991).

52    For example, see photographs in Ward, G. and K. Burns, *Not for Ourselves Alone*.

53    Peiss, K., *Hope in a Jar*, 53-54.

54    See Akerlof, Yellen, and Katz (1996).

55    See Hofferth, Kahn, and Baldwin (1987).

56    Wright, R., *The Moral Animal*, 136.

57    See Bumpass and Lu (2000); Castro Martin and Bumpass (1989).

58   Lorenz, K., *Evolution and Modification of Behavior*, 54-57.

59   Pinker, S., *The Language Instinct*, 265-301.

60   See Buss and Schmitt (1993).

61   See Low (2005).

62   Symons, D., *The Evolution of Human Sexuality*, 299-300.

63   Wright, R., *The Moral Animal*, 38.

64   Durant, W., *The Story of Civilization*, 667.

65   See Akerlof, Yellen, and Katz (1996).

66   McLaren, A., *A History of Contraception*, 216-237.

67   Symons, D., *The Evolution of Human Sexuality*, 31-36.

68   Ibid., 73.

69   Wright, R., *The Moral Animal*, 388.

70   Campbell, N., *Biology* (Fourth Edition), 1012-1013.

71   See Shepher and Reisman (1985).

72   See Buss and Schmitt (1993).

73   2Pac, "I Get Around," *Strictly 4 My N.I.G.G.A.Z...*

74   Wright, R., *The Moral Animal*, 137-138.

75   See Baker and Bellis (1989).

76   Badawi, J., *Gender Equity in Islam*, 16-17.

77   See United Nations Statistics Division (2005).

78   See UNICEF (2001).

79   See Toubia (1994).

80   Ibid.

81   Kamali, M., *Principles of Islamic Jurisprudence*, 44.

82   Ibid., 68-82.

83   Bemat, A., *The Muslim Woman*, Part II, 72-73.

84   Kamali, *Principles of Islamic Jurisprudence*, 65.

85   Ibid., 66-68.

86   Abou El Fadl, K., *Speaking in God's Name*, 185-188.  Bemat, A., *The Muslim Woman*, Part II, 245.

87   Abou El Fadl, K., *Speaking in God's Name*, 173.

88   Ibid., 272-297.

89   Ibid., 239.

90   Ibid., 114.

91   Ibid., 246-247.

92   Ibid., 235.

93   Ibid., 238.

94   Abou El Fadl, K., *The Great Theft*, 150.

95 Ibid., 150. Also see Ali (2003).
96 Kamali, M., *Principles of Islamic Jurisprudence*, 1-2.
97 Ibid., 68-70.
98 Ibid., 70-72.
99 Abou El Fadl, K., *Speaking in God's Name*, 221.
100 Ibid., 239.
101 Abou El Fadl, K., *The Great Theft*, 153.
102 See Ali (2003).
103 Abou El Fadl, K., *Speaking in God's Name*, 105-106, 149.
104 For example, see *Frontline*, 2002.
105 Bemat, A., *The Muslim Woman*, Part II, 89-90.
106 Basch, N., *Framing American Divorce*, 23-24.
107 Phillips, R., *Untying the Knot*, 191-192.
108 Ward, G. and K. Burns, *Not for Ourselves Alone*, 67-69, 92.
109 Phillips, R., *Untying the Knot*, 215.
110 Abou El Fadl, K., *Conference of the Books*, 265-277.
111 Gordon, M., *Slavery in the Arab World*, 19.
112 Abou El Fadl, K., *And God Knows the Soldiers*, 125-127.
113 For examples of how males in other species utilize a mixed reproductive strategy, see Trivers (1972).
114 Jay-Z, "'03 Bonnie & Clyde," *The Blueprint*[2]*: The Gift & The Curse*.
115 See Betzig (1992).
116 West, E., *Chains of Love*, 126-131.
117 Beeston A.F.L., *The Epistle on Singing-Girls of Jāḥiẓ*, 2.
118 See Buss and Schmitt (1993).
119 Abou El Fadl, K., *Speaking in God's Name*, 257.
120 For a fascinating account of the political machinations of a group of captive chimpanzees, see *Chimpanzee Politics* by Frans de Waal.
121 Watkins, S., M. Rueda, and M. Rodriguez, *Introducing Feminism*, 10-17.
122 Ward, G. and K. Burns, *Not for Ourselves Alone*, 224.
123 Watkins, S., M. Rueda, and M. Rodriguez, *Introducing Feminism*, 100.
124 Ibid., 144.
125 Wright, R., *The Moral Animal*, 135-136.
126 See Low (2005).

127     See Scarbrough and Johnston (2005).

128     See Comings et al. (2002); Gangestad and Simpson (1990).

129     See Landolt, Lalumière, and Quinsey (1995).

130     See Gangestad and Simpson (2000); Waynforth (1999).

131     See Draper and Harpending (1982).

132     See Ellis et al. (2003); Quinlan (2003).

133     See McLanahan and Bumpass (1988).

134     See Quandt (2002).

135     See Mardin (1981).

136     See Toprak (1987).

137     Ibid.

138     See Najmabadi (1991).

139     Wright, R., *The Last Great Revolution*, 138-139.

140     Ibid., 133-159.

141     Rashid, A., *Taliban*, 25-30.

142     Ibid., 25.

143     See Simpson and Gangestad (1991).

144     Barber, B., *Jihad vs. McWorld*, 73-87.

145     Rashid, A., *Taliban*, 85.

146     Algar, H., *Wahhabism*, 31-37.

147     For a collection of Wahhabi fatwas regarding women, see Abou El Fadl, K., *Speaking in God's Name*, 272-297.

148     Algar, H., *Wahhabism*, 44-45.

149     Abou El Fadl, K., *The Great Theft*, 68-74. Algar, H., *Wahhabism*, 47-54. Rashid, A., *Taliban*, 85, 128-140.

150     Bush, G.W., *Address to a Joint Session of Congress and the American People*, delivered 9/20/01.

151     See Ibn Warraq (2005).

152     Abou El Fadl, K., *The Great Theft*, 164-167. Chomsky, N., *9-11*, 30-32.

153     Abou El Fadl, K., *The Great Theft*, 45.

154     Rashid, A., *Taliban*, 139-140.

155     Evans, D. and O. Zarate, *Introducing Evolutionary Psychology*, 162.

156     Ibid., 163. Also see Alexander, R., *Darwinism and Human Affairs*, 276.

157     Evans, D. and O. Zarate, *Introducing Evolutionary Psychology*, 165.

158    Alexander, R., *Darwinism and Human Affairs*, 69.

# مراجع

## المصادر العربية

- أبو بكر عبد الله بن أبي داود سليمان بن الأشعث السجستاني. *سنن أبي داود* ، جمعية المكنز الإسلامي ، فادوتس ، ٢٠٠٠.

- أبو عبد الله محمد الحكيم الترمذي. *سنن الترمذي* ، جمعية المكنز الإسلامي ، فادوتس ، ٢٠٠٠.

- أبو عثمان عمرو بن بحر الجاحظ. *رسائل الجاحظ* ، دار الجيل ، بيروت ، ١٩٩١.

- أبو عبد الله إسماعيل بن إبراهيم الجعفي البخاري. *صحيح البخاري* ، جمعية المكنز الإسلامي ، فادوتس ، ٢٠٠٠.

- أحمد أمين (١٩٢٨). *فجر الإسلام* ، مكتبة الأسرة ، ١٩٩٦.

- دافيد باس. *علم النفس التطوري : العلم الجديد للعقل* ، ترجمة : مصطفى حجازي ، المركز الثقافي العربي ، ٢٠٠٩.

- عباس محمود العقاد. *إسلاميات* ، دار المعارف ، القاهرة ، ١٩٨٥.

- محمد أبو زهرة. *أصول الفقه* ، دار الفكر العربي ، القاهرة ، ١٩٩٧.

- أبو حامد محمد بن محمد الغزالي. *إحياء علوم الدين* ، مكتبة فياض.

- محمد الغزالي. *السنة النبوية : بين أهل الفقه وأهل الحديث* ، دار الشروق ، القاهرة ، ١٩٨٩.

- *قضايا المرأة : بين التقاليد الراكدة والوافدة* ، دار الشروق ، القاهرة، ١٩٩٠.

- *هموم داعية* ، دار القلم ، دمشق ، ١٩٩٦.

- محمد علي الصابوني. *صفوة التفاسير* ، دار التراث العربي ، القاهرة.

- محمد ناصر الدين الألباني. *سلسلة الأحاديث الضعيفة والموضوعة وأثرها السيء في الأمة* ، مكتبة المعارف ، الرياض.

- يوسف القرضاوي. *مدخل لدراسة الشريعة الإسلامية* ، مؤسسة الرسالة ، بيروت ، ١٩٩٣.

- *الاجتهاد المعاصر : بين الانضباط والانفراط* ، دار التوزيع والنشر الإسلامية ، القاهرة ، ١٩٩٤.

- *كيف نتعامل مع السنة النبوية : معالم وضوابط* ، دار الوفاء ، المنصورة ، ١٩٩٤.

- *مركز المرأة في الحياة الإسلامية* ، مكتبة وهبة ، القاهرة ، ١٩٩٦.

- *السنّة : مصدرًا للمعرفة والحضارة* ، دار الشروق ، القاهرة ، ١٩٩٧.

# المصادر الإنجليزية

Abou El Fadl, Khaled. *And God Knows the Soldiers: The Authoritative and Authoritarian in Islamic Discourses.* Lanham: University Press of America, 2001.

—. *Conference of the Books: The Search for Beauty in Islam.* Lanham: University Press of America, 2001.

—. *Speaking in God's Name: Islamic Law, Authority, and Women.* Oxford: Oneworld Publications, 2001.

—. "The ugly modern and the modern ugly: reclaiming the beautiful in Islam," in Safi, 2003.

—. *The Great Theft: Wrestling Islam from the Extremists.* New York: Harper Collins, 2005.

Abusharaf, Rogaia Mustafa. "Unmasking Tradition: A Sudanese Anthropologist Confronts Female "Circumcision" and its Terrible Tenacity," *The Sciences*, 38:22-27, 1998.

Ahmed, Leila. *Women and Gender in Islam: Historical Roots of a Modern Debate.* New Haven: Yale University Press, 1992.

Akerlof, George A., Janet L. Yellen, and Michael L. Katz. "An Analysis of Out-of-Wedlock Childbearing in the United States," *The Quarterly Journal of Economics,* 111:277-317, 1996.

Alexander, Richard D. (1979). *Darwinism and Human Affairs.* Seattle: University of Washington Press, 1982.

—. *The Biology of Moral Systems.* New York: Aldine de Gruyter, 1987.

Alexander, Richard D., John L. Hoogland, Richard D. Howard, Katherine M. Noonan, and Paul W. Sherman. "Sexual Dimorphism and Breeding Systems in Pinnipeds, Ungulates, Primates, and Humans," in Napoleon Chagnon and William Irons, eds., *Evolutionary Biology and Human Social Behavior.* North Scituate: Duxbury Press, 1979.

Algar, Hamid. *Wahhabism: A Critical Essay.* Oneonta: Islamic Publications International, 2002.

Ali, Kecia. "Progressive Muslims and Islamic jurisprudence: the necessity for critical engagement with marriage and divorce law," in Safi, 2003.

Anderson, Kermyt G., Hillard Kaplan, and Jane B. Lancaster. "Confidence of paternity, divorce, and investment in children by Albuquerque men," *Evolution and Human Behavior,* 28:1-10, 2007.

Apicella, Coren L. and Frank W. Marlowe. "Perceived mate fidelity and paternal resemblance predict men's investment in children," *Evolution and Human Behavior,* 25:371-378, 2004.

Asad, Muhammad. *The Road to Mecca.* New York: Simon and Schuster, 1954.

Badahdah, Abdallah Mohammed and Kathleen A. Tiemann. "Mate selection among Muslims living in America," *Evolution and Human Behavior,* 26:432-440, 2005.

Badawi, Jamal. *Gender Equity in Islam: Basic Principles.* Plainfield: American Trust Publications, 1995.

Baker, R. Robin and Mark A. Bellis. "Number of sperm in human ejaculates varies in accordance with sperm competition theory," *Animal Behaviour,* 37:867-869, 1989.

Barber, Benjamin. *Jihad vs. McWorld: Terrorism's Challenge to Democracy.* New York: Ballantine Books, 2001.

Barkow, Jerome H. "Beneath New Culture Is Old Psychology: Gossip and Social Stratification," in Barkow, Cosmides, and Tooby, 1992.

Barkow, Jerome H., Leda Cosmides, and John Tooby, eds. *The Adapted Mind: Evolutionary Psychology and the Generation of Culture.* New York: Oxford University Press, 1992.

Basch, Norma. *Framing American Divorce: From the Revolutionary Generation to the Victorians.* Berkeley: University of California Press, 1999.

BBC News (online). "TV's world record breakers," 3/22/01. http://news.bbc.co.uk/2/hi/entertainment/1219668.stm, last accessed on 9/12/15.

—. "Network fighting huge Janet fine," 11/9/04. http://news.bbc.co.uk/2/hi/entertainment/3994751.stm, last accessed on 9/12/15.

Beeston, A.F.L. *The Epistle on Singing-Girls of Jāḥiẓ.* Warminster: Aris & Phillips, 1980.

Belsky, Jay, Laurence Steinberg, and Patricia Draper. "Childhood Experience, Interpersonal Development, and Reproductive Strategy: An Evolutionary Theory of Socialization," *Child Development,* 62:647-670, 1991.

Bemat, Ahmed E. *The Muslim Woman (Part I and II).* Surat: Madani Kutubkhana, 1987.

Betzig, Laura. "Roman polygyny," *Ethology and Sociobiology,* 13:309-349,1992.

Bereczkei. Tamas. "r-selected reproductive strategies among Hungarian Gipsies: A preliminary analysis," *Ethology and Sociobiology,* 14:71-88, 1993.

Black, Edwin. *War Against the Weak: Eugenics and America's Campaign to Create a Master Race.* New York: Four Walls Eight Windows, 2003.

Black, Jeffry M. "Fitness consequences of long-term pair bonds in barnacle geese: monogamy in the extreme," *Behavioral Ecology,* 12:640-645, 2001.

Blain, Jenny and Jerome Barkow. "Father Involvement, Reproductive Strategies, and the Sensitive Period," in MacDonald, 1988.

Blurton Jones, Nicholas G., Frank W. Marlowe, Kristen Hawkes, and James F. O'Connell. "Paternal Investment and Hunter-Gatherer Divorce Rates," in Cronk, Chagnon, and Irons, 2000.

Borgerhoff Mulder, Monique. "Kipsigis women's preference for wealthy men: evidence for female choice in mammals?" *Behavioral Ecology and Sociobiology,* 27:255-264, 1990.

—. "Marrying a married man: A postscript," in Laura Betzig, ed., *Human Nature: A Critical Reader.* New York: Oxford University Press, 1997.

Bumpass, Larry L., Teresa Castro, and James A. Sweet. "The Impact of Family Background and Early Marital Factors on Marital Disruption," *Journal of Family Issues,* 12:22-42, 1991.

Bumpass, Larry and Hsien-Hen Lu. "Trends in Cohabitation and Implications for Children's Family Contexts in the United States," *Population Studies,* 54:29-41, 2000.

Burke III, Edmund, ed. *Struggle and Survival in the Modern Middle East.* Berkeley: University of California Press, 1993.

Burley, Nancy. "Sexual Selection for Aesthetic Traits in Species with Biparental Care," *The American Naturalist,* 127:415-445, 1986.

Bush, George W. *Address to a Joint Session of Congress and the American People,* delivered 9/20/01 at the United States Capitol, Washington, D.C. http://georgewbush-whitehouse. archives.gov/news/releases/2001/09/20010920-8.html, last accessed on 9/12/15.

Buss, David M. "Mate Preference Mechanisms: Consequences for Partner Choice and Intrasexual Competition," in Barkow, Cosmides, and Tooby, 1992.

—. "The Strategies of Human Mating," *American Scientist,* 82:238-249, 1994.

—. *Evolutionary Psychology: The New Science of the Mind.* Boston: Allyn and Bacon, 1999.

Buss, David M. and David P. Schmitt. "Sexual Strategies Theory: An Evolutionary Perspective on Human Mating," *Psychological Review,* 100:204-232, 1993.

Byrne, Donn. "The antecedents, correlates, and consequents of erotophobia- erotophilia," in Clive M. Davis, ed., *Challenges in Sexual Science: Current Theoretical Issues and Research Advances.* Philadelphia: Society for the Scientific Study of Sex, 1983.

Cagatay, Nilüfer. "Gender and Poverty," United Nations Development Programme, Social Development and Poverty Elimination Division, Working Paper Series #5, 1998. http://iknowpolitics.org/sites/default/files/gender20and20poverty.pdf, last accessed on 9/12/15.

Campagna, Joel. "From Accommodation to Confrontation: The Muslim Brotherhood in the Mubarak Years," *Journal of International Affairs,* 50:278-310, 1996.

Campbell, Neil A. *Biology* (Fourth Edition). Menlo Park: The Benjamin/ Cummings Publishing Company, 1996.

Cashdan, Elizabeth. "Attracting mates: Effects of paternal investment on mate attraction," *Ethology and Sociobiology,* 14:1-24, 1993.

—."Women's Mating Strategies," *Evolutionary Anthropology,* 4:134-143, 1996.

Castro Martin, Teresa and Larry L. Bumpass. "Recent Trends in Marital Disruption," *Demography,* 26:37-51, 1989.

Chagnon, Napoleon A. *Yanomamö: The Fierce People* (Third Edition). New York: Holt, Rinehart and Winston, 1983.

—."Manipulating Kinship Rules: A Form of Male Yanomamö Reproductive Competition," in Cronk, Chagnon, and Irons, 2000.

Chisholm, James S. and Victoria K. Burbank. "Monogamy and Polygyny in Southeast Arnhem Land: Male Coercion and Female Choice," *Ethology and Sociobiology,* 12:291-313, 1991.

Chomsky, Noam. *Rogue States: The Rule of Force in World Affairs.* Cambridge: South End Press, 2000.

—. *9-11.* New York: Seven Stories Press, 2001.

Clark, Andrew P. "Self-perceived attractiveness and masculinization predict women's sociosexuality," *Evolution and Human Behavior,* 25:113-124, 2004.

Clutton-Brock, T.H., Paul H. Harvey, and B. Rudder. "Sexual dimorphism, socionomic sex ratio and body weight in primates," *Nature,* 269:797- 800, 1977.

Cockburn, Andrew. "21st Century Slaves," *National Geographic,* 2-24, September 2003.

Cohen Ragas, Meg and Karen Kozlowski. *Read My Lips: A Cultural History of Lipstick.* San Francisco: Chronicle Books, 1998.

Comings, David E., Donn Muhleman, James P. Johnson, and James P. MacMurray. "Parent-Daughter Transmission of the Androgen Receptor Gene as an Explanation of the Effect of Father Absence on Age of Menarche," *Child Development,* 73:1046-1051, 2002.

CNN.com. "People picks its 'Sexiest Man Alive'," 11/15/06. http://www. cnn.com/2006/SHOWBIZ/Movies/11/15/ sexiest.man/index.html, last accessed on 9/12/15.

Cronk, Lee, Napoleon Chagnon, and William Irons, eds. *Adaptation and Human Behavior: An Anthropological Perspective.* New York: Aldine de Gruyter, 2000.

Dailard, Cynthia. "New Bush Administration Policy Promotes Abstinence Until Marriage Among People in their 20s," *Guttmacher Policy Review,* Volume 9, Number 4, 2006.

Daly, Martin and Margo Wilson. *Sex, Evolution, and Behavior: Second Edition.* Belmont: Wadsworth Publishing Company, 1983.

Daly, Martin, Margo Wilson, and Suzanne J. Weghorst. "Male sexual jealousy," *Ethology and Sociobiology,* 3:11-27, 1982.

Darwin, Charles (1859). *The Origin of Species.* New York: The Modern Library, n.d.

—. (1871). *The Descent of Man and Selection in Relation to Sex.* New York: The Modern Library, n.d.

Davies, N.B. "Sexual conflict and the polygamy threshold," *Animal Behaviour,* 38:226-243, 1989.

Dawkins, Richard. *The Selfish Gene* (New edition). Oxford: Oxford University Press, 1989.

Descola, Phillipe. *The Spears of Twilight: Life and Death in the Amazon Jungle.* New York: The New Press, 1996.

de Waal, Frans. *Chimpanzee Politics: Power and Sex among Apes.* New York: Harper & Row, 1982.

—. "The brutal elimination of a rival among captive male chimpanzees," *Ethology and Sociobiology,* 7:237-251, 1986.

Diamond, Jared. *The Third Chimpanzee: The Evolution and Future of the Human Animal.* New York: HarperCollins Publishers, 1992.

—. (1995) *Guns, Germs, and Steel: The Fates of Human Societies.* New York: W.W. Norton & Company, 1999.

—. *Why is Sex Fun?: The Evolution of Human Sexuality.* New York: Basic Books, 1997.

Dickemann, Mildred. "Paternal confidence and dowry competition: A biocultural analysis of purdah," in Richard D. Alexander and Donald W. Tinkle, eds., *Natural Selection and Social Behavior.* New York: Chiron Press, 1981.

Draper, Patricia and Henry Harpending. "Father Absence and Reproductive Strategy: An Evolutionary Perspective," *Journal of Anthropological Research,* 38:255-273, 1982.

—. "A Sociobiological Perspective on the Development of Human Reproductive Strategies," in MacDonald, 1988.

Durant, Will. *The Story of Civilization: Part III: Caesar and Christ: A History of Roman Civilization and of Christianity from their beginnings to A.D. 325.* New York: Simon and Schuster, 1944.

Durant, Will and Ariel Durant. *The Lessons of History.* New York: Simon and Schuster, 1968.

Ellis, Bruce J. "The Evolution of Sexual Attraction: Evaluative Mechanisms in Women," in Barkow, Cosmides, and Tooby, 1992.

Ellis, Bruce J., John E. Bates, Kenneth A. Dodge, David M. Fergusson, L. John Horwood, Gregory S. Pettit, and Lianne Woodward. "Does Father Absence Place Daughters at Special Risk for Early Sexual Activity and Teenage Pregnancy?" *Child Development,* 74:801-821, 2003.

Ellwood, David T. and Christopher Jencks. "The Uneven Spread of Single-Parent Families: What Do We Know? Where Do We Look for Answers?" in Kathryn M. Neckerman, ed., *Social Inequality.* New York: Russell Sage Foundation, 2004.

Evans, Dylan, and Oscar Zarate. *Introducing Evolutionary Psychology.* New York: Totem Books, 1999.

Faurie, Charlotte, Dominique Pontier, and Michael Raymond. "Student athletes claim to have more sexual partners than other students," *Evolution and Human Behavior,* 25:1-8, 2004.

Fisch, Harry. *The Male Biological Clock: The Startling News About Aging, Sexuality, and Fertility in Men.* New York: Free Press, 2005.

Frontline (online). "Portraits of Ordinary Muslims: Malaysia," May 2002. http://www.pbs.org/wgbh/pages/ frontline/shows/muslims/portraits/malaysia.html#mutalib, last accessed on 9/12/15.

Gangestad, Steven W. and David M. Buss. "Pathogen prevalence and human mate preferences," *Ethology and Sociobiology,* 14:89-96, 1993.

Gangestad, Steven W. and Jeffry A. Simpson. "Toward an evolutionary history of female sociosexual variation," *Journal of Personality,* 58:69-96, 1990.

—. "The evolution of human mating: Trade-offs and strategic pluralism," *Behavioral and Brain Sciences,* 23:573-644, 2000.

Gangestad, Steven W. and Randy Thornhill. "Human Sexual Selection and Developmental Stability," in Jeffry A. Simpson and Douglas T. Kenrick, eds., *Evolutionary Social Psychology.* Mahwah: Lawrence Erlbaum Associates, 1997.

Gaulin, Steven J. C. and James S. Boster. "Dowry as Female Competition," *American Anthropologist,* 92:994-1005, 1990.

Gaulin, Steven J. C., Donald H. McBurney, and Stephanie L. Brakeman-Wartell. "Matrilineal biases in the investment of aunts and uncles: A consequence and measure of paternity uncertainty," *Human Nature,* 8:139-151, 1997.

Gaulin, Steven J. C. and Alice Schlegel. "Paternal confidence and paternal investment: A cross cultural test of a sociobiological hypothesis," *Ethology and Sociobiology,* 1:301-309, 1980.

Gerrard, Meg. "Sex Guilt and Attitudes Toward Sex in Sexually Active and Inactive Female College Students," *Journal of Personality Assessment,* 44:258-261, 1980.

al-Ghazali, Zainab. *Return of the Pharaoh: Memoir in Nasir's Prison.* Leicester: The Islamic Foundation, 1994.

Gil-Burmann, Carlos, Fernando Peláez, and Susana Sánchez. "Mate choice differences according to sex and age: An analysis of personal advertisements in Spanish newspapers," *Human Nature,* 13:493-508, 2002.

Gordon, Murray. *Slavery in the Arab World.* New York: New Amsterdam Books, 1989.

Gottschall, Jonathan, Johanna Martin, Hadley Quish, and Jon Rea. "Sex differences in mate choice criteria are reflected in folktales from around the world and in historical European literature," *Evolution and Human Behavior,* 25:102-112, 2004.

Greene, Penelope J. "promiscuity, paternity, and culture," *American Ethnologist,* 5:151-159, 1978.

Gross, Mart R. "Alternative reproductive strategies and tactics: diversity within sexes," *Trends in Ecology & Evolution,* 11:92-98, 1996.

Hamilton, W.D. "The Evolution of Altruistic Behavior," *The American Naturalist,* 97:354-356, 1963.

—. "The genetical evolution of social behaviour. I and II," *Journal of Theoretical Biology,* 7:1-52. 1964.

Harpending, Henry and Patricia Draper. "Selection against human family organization," in B.J. Williams, ed., *on evolutionary anthropology: essays in honor of Harry Hoijer.* Malibu: Undena Publications, 1986.

Herman, Edward S. and Noam Chomsky. *Manufacturing Consent: The Political Economy of the Mass Media.* New York: Pantheon Books, 1988.

Hesse, Hermann. *Siddharta.* New York: New Directions Books, 1951.

Hetherington, E. Mavis. "Effects of Father Absence on Personality Development in Adolescent Daughters," *Developmental Psychology,* 7:313-326, 1972.

Hill, Kim and A. Magdelana Hurtado. "Hunter-Gatherers of the New World." *American Scientist,* 77:436-443, 1989.

Hofferth, Sandra L., Joan R. Kahn, and Wendy Baldwin. "Premarital Sexual Activity Among U.S. Teenage Women Over the Past Three Decades," *Family Planning Perspectives,* 19:46-53, 1987.

Hopcroft, Rosemary L. "Sex, status, and reproductive success in the contemporary United States," *Evolution and Human Behavior,* 27:104-120, 2006.

Hrdy, Sarah Blaffer. "Raising Darwin's consciousness: Female sexuality and the prehominid origins of patriarchy," *Human Nature,* 8:1-49, 1997.

—. *The Woman That Never Evolved: With a New Preface and Bibliographical Updates.* Cambridge: Harvard University Press, 1999.

Hughes, Susan M. and Gordon G. Gallup Jr. "Sex differences in morphological predictors of sexual behavior: Shoulder to hip and waist to hip ratios," *Evolution and Human Behavior,* 24:173-178, 2003.

Huntington, Samuel P. *The Clash of Civilizations and the Remaking of World Order.* New York: Simon & Schuster, 1996.

Hurtado, A. Magdelana and Kim R. Hill. "Paternal Effect on Offspring Survivorship among Ache and Hiwi Hunter-Gatherers: Implications for Modeling Pair-Bond Stability," in Barry S. Hewlett, ed., *Father- Child Relations.* New York: Aldine de Gruyter, 1992.

Ibn Warraq. "Foreword: The Genesis of a Myth," in Robert Spencer, ed., *The Myth of Islamic Tolerance: How Islamic Law Treats Non- Muslims.* Amherst: Prometheus Books, 2005.

Irons, William. "Human Female Reproductive Strategies," in Samuel K. Wasser, ed., *Social Behavior of Female Vertebrates.* New York: Academic Press, 1983.

—. "How has evolution shaped human behavior? Richard Alexander's contribution to an important question," *Evolution and Human Behavior,* 26:1-9, 2005.

Jones, Doug. "Physical Attractiveness, Race, and Somatic Prejudice in Bahia, Brazil," in Cronk, Chagnon, and Irons, 2000.

Josephson, Steven C. "Status, reproductive success, and marrying polygynously," *Ethology and Sociobiology,* 14:391-396, 1993.

Kahn, Joan R. and Kathryn A. London. "Premarital Sex and the Risk of Divorce," *Journal of Marriage and the Family,* 53:845-855, 1991.

Kamali, Mohammad Hashim. *Principles of Islamic Jurisprudence.* Cambridge: The Islamic Texts Society, 1991.

—. "Punishment in Islamic Law: A Critique of the Hudud Bill of Kelantan, Malaysia," *Arab Law Quarterly,* 13:203-234, 1998.

Kasser, Tim and Yadika S. Sharma. "Reproductive Freedom, Educational Equality, and Females' Preference for Resource-Acquisition Characteristics in Mates," *Psychological Science,* 10:374-377, 1999.

Kenrick, Douglas T., Sara E. Gutierres, and Laurie L. Goldberg. "Influence of popular erotica on judgments of strangers and mates," *Journal of Experimental Psychology,* 25:159-167, 1989.

Kinsey, Alfred C., Wardell B. Pomeroy, and Clyde E. Martin. *Sexual Behavior in the Human Male.* Philadelphia: W.B. Saunders Company, 1948.

Kinsey, Alfred C., Wardell B. Pomeroy, Clyde E. Martin, and Paul H. Gebhard. *Sexual Behavior in the Human Female.* Philadelphia: W.B. Saunders Company, 1953.

Kleinman, Devra G. "Monogamy in Mammals," *The Quarterly Review of Biology,* 52:39-69, 1977.

Koyama, N.F., A. McGain, and R.A. Hill. "Self-reported mate preferences and "feminist" attitudes regarding marital relations," *Evolution and Human Behavior,* 25:327-335, 2004.

Krebs, Dennis, Kathy Denton, and Nancy C. Higgins. "On the Evolution of Self-Knowledge and Self-Deception," in MacDonald, 1988.

Landolt, Monica A., Martin L. Lalumière, and Vernon L. Quinsey. "Sex differences in intra-sex variations in human mating tactics: An evolutionary approach," *Ethology and Sociobiology,* 16:3-23, 1995.

Lerner, Gilda. *The Creation of Patriarchy.* Oxford: Oxford University Press, 1986.

Lorenz, Konrad (1965). *Evolution and Modification of Behavior.* Chicago: The University of Chicago Press, 1967.

Low, Bobbi S. "Sex, Wealth, and Fertility: Old Rules, New Environments," in Cronk, Chagnon, and Irons, 2000.

—. (2000). *Why Sex Matters: A Darwinian Look at Human Behavior.* Princeton: Princeton University Press, 2001.

—. "Women's lives there, here, then, now: a review of women's ecological and demographic constraints cross-culturally," *Evolution and Human Behavior,* 26:64-87, 2005.

Lundegaard, Erik. "Where have all the Sexiest Men Alive gone?: 20 years of People's picks for top hunks in Hollywood," MSNBC (online), 5/4/06. http://www.today. com/id/12392547/ns/today-today entertainment/t/where-have-all-sexiest-men-alive-gone/#.VfHJY73D-Uk, last accessed on 9/12/15.

MacArthur, Robert H. and Edward O. Wilson. *The Theory of Island Biogeography.* Princeton: Princeton University Press, 1967.

MacDonald, David, ed. *The Encyclopedia of Mammals.* New York: Facts on File, 2001.

MacDonald, Kevin, ed. *Sociobiological Perspectives on Human Development.* New York: Springer-Verlag, 1988.

—. "Life History Theory and Human Reproductive Behavior: Environmental/Contextual Influences and Heritable Variation," *Human Nature,* 8:327-359, 1997.

Mango, Andrew. *Atatürk: The Biography of the Founder of Modern Turkey.* Woodstock: The Overlook Press, 2000.

Mansel, Philip. *Constantinople: City of the World's Desire, 1453-1924.* New York: St. Martin's Griffin, 1998.

Mardin, Şerif. "Religion and Secularism in Turkey," in Ali Kazancigil and Ergun Özbudun, eds., *Atatürk: Founder of a Modern State.* London: C. Hurst & Co., 1981.

Marieb, Elaine N. *Human Anatomy & Physiology* (Sixth Edition). San Francisco: Pearson Benjamin Cummings, 2004.

Martinez, Luis. *The Algerian Civil War 1990-1998.* New York: Columbia University Press, 2000.

Masters, William H. and Virginia E. Johnson. *Human Sexual Response.* Boston: Little, Brown and Company, 1966.

Maynard Smith, J. "The theory of games and the evolution of animal conflicts," *Journal of Theoretical Biology,* 47:209-221, 1974.

McBurney, Donald H., Jessica Simon, Steven J. C. Gaulin, and Allan Geliebter. "Matrilineal biases in the investment of aunts and uncles: Replication in a population presumed to have high paternity certainty," *Human Nature,* 13:391-402, 2002.

McLanahan, Sara and Larry Bumpass. "Intergenerational Consequences of Family Disruption," *American Journal of Sociology,* 94:130-152, 1988.

McLaren, Angus. *A History of Contraception: From Antiquity to the Present Day.* Oxford: Basil Blackwell, 1990.

Mernissi, Fatima. *The Veil and the Male Elite: A Feminist Interpretation of Women's Rights in Islam.* Reading: Addison-Wesley Publishing Company, 1991.

Merriam Webster Online. "polyandry", "polygamy", "polygyny", "pornography". http://www.m-w.com/, last accessed on 9/12/15.

Mikach, Sarah M. and J. Michael Bailey. "What Distinguishes Women with Unusually High Numbers of Sex Partners?" *Evolution and Human Behavior,* 20:141-150, 1999.

Miller, Edward M. "Paternal provisioning versus mate seeking in human populations," *Personality and Individual Differences,* 17:227-255, 1994.

Mosher, Donald L. and Herbert J. Cross. "Sex guilt and premarital sexual experiences of college students," *Journal of Consulting and Clinical Psychology,* 36:27-32, 1971.

Najmabadi, Afsaneh. "Hazards of Modernity and Morality: Women, State, and Ideology in Contemporary Iran," in Deniz Kandiyoti, ed., *Women, Islam, and the State.* Philadelphia: Macmillan Press, 1991.

Nettle, Daniel. "Height and Reproductive Success in a Cohort of British Men," *Human Nature,* 13:473-491, 2002.

—. "An evolutionary approach to the extroversion continuum," *Evolution and Human Behavior,* 26:363-373, 2005.

Orians, Gordon H. "On the Evolution of Mating Systems in Birds and Mammals," *The American Naturalist,* 103:589-603, 1969.

Pagel, Mark. "The evolution of conspicuous oestrous advertisement in Old World monkeys," *Animal Behaviour,* 47:1333-1341, 1994.

Parker, G.A. and J. Maynard Smith. "Optimality theory in evolutionary biology," *Nature,* 348:27-33, 1990.

Peiss, Kathy. *Hope in a Jar: The Making of America's Beauty Culture.* New York: Metropolitan Books, 1998.

Penton-Voak, I.S. and D.I. Perrett. "Female preference for male faces changes cyclically: Further evidence," *Evolution and Human Behavior,* 21:39-48, 2000.

Peregrine, Peter N., Carol R. Ember, and Melvin Ember. "Cross-cultural evaluation of predicted associations between race and behavior," *Evolution and Human Behavior,* 24:357-364, 2003.

Peters, F.E. The Hajj: *The Muslim Pilgrimage to Mecca and the Holy Places.* Princeton: Princeton University Press, 1996.

Phillips, Roderick. *Untying the Knot: A Short History of Divorce.* Cambridge: Cambridge University Press, 1991.

Pickering, S.P.C. and S.D. Berrow. "Courtship behaviour of the wandering albatross Diomedea exulans at Bird Island, South Georgia," *Marine Ornithology,* 29:29-37, 2001.

Pillsworth, Elizabeth G. and Martie G. Haselton. "Male sexual attractiveness predicts differential ovulatory shifts in female extra-pair attraction and male mate retention," *Evolution and Human Behavior,* 27:247- 258, 2006.

Pinker, Steven (1994). *The Language Instinct: How the Mind Creates Language.* New York: Perennial, 2000.

Poonawala, Ismail K. *The History of al-Ṭabarī Volume IX: The Last Years of the Prophet.* Albany: State University of New York Press, 1990.

Putz, David Andrew. "Mating context and menstrual phase affect women's preferences for male voice pitch," *Evolution and Human Behavior,* 26:388-397, 2005.

Quammen, David. "Was Darwin Wrong?" *National Geographic,* 2-35, November 2004.

Quandt, William B. "Algeria's Uneasy Peace," *Journal of Democracy,* 13:15-23, 2002.

Quinlan, Robert J. "Father absence, parental care, and female reproductive development," *Evolution and Human Behavior,* 24:376-390, 2003.

Rao, Vijayendra. "Wife-beating in rural South India: A qualitative and econometric analysis," *Social Science & Medicine,* 44:1169-1180, 1997.

Rashid, Ahmed. *Taliban.* New Haven: Yale University Press, 2000.

Reiss, Ira L. *The Social Context of Premarital Sexual Permissiveness.* New York: Holt, Rinehart, and Winston, 1967.

Rhodes, Gillian, Leigh W. Simmons, and Marianne Peters. "Attractiveness and sexual behavior: Does attractiveness enhance mating success?" *Evolution and Human Behavior*, 26:186-201, 2005.

Ridley, Matt. *The Red Queen: Sex and the Evolution of Human Nature*. New York: Viking, 1993.

—. *The Origins of Virtue: Human Instincts and the Evolution of Cooperation*. New York: Viking, 1997.

Riordan, Teresa. *Inventing Beauty: A History of the Innovations That Have Made Us Beautiful!* New York: Broadway Books, 2004.

Rothman, Joshua D. *Notorious in the Neighborhood: Sex and Families across the Color Line in Virginia, 1787-1861*. Chapel Hill: The University of North Carolina Press, 2003.

Rumsford, Chris. "Resisting Globalization? Turkey-EU Relations and Human and Political Rights in the Context of Cosmopolitan Democratization," *International Sociology*, 18:379-394, 2003.

Rushton, J. Philippe and Anthony F. Bogaert. "Race Differences in Sexual Behavior: Testing an Evolutionary Hypothesis," *Journal of Research in Personality*, 21:529-551, 1987.

—. "Race versus Social Class Differences in Sexual Behavior: A Follow-up Test of the r/K Dimension," *Journal of Research in Personality*, 22:259-272, 1988.

Safi, Omid, ed. *Progressive Muslims: On Justice, Gender, and Pluralism.* Oxford: Oneworld Publications, 2003.

Santelli, John S., Joyce Abma, Stephanie Ventura, Laura Lindberg, Brian Morrow, John E. Anderson, Sheryl Lyss, and Brady E. Hamilton. "Can changes in sexual behaviors among high school students explain the decline in teen pregnancy rates in the 1990s?" *Journal of Adolescent Health,* 35:80-90, 2004.

Scarbrough, Pamela S. and Victor S. Johnston. "Individual differences in women's facial preferences as a function of digit ratio and mental rotation ability," *Evolution and Human Behavior,* 26:509-526, 2005.

Schacht, Joseph (1950). *The Origins of Muhammadan Jurisprudence.* Oxford: Oxford University Press, 1959.

—. (1964). *An Introduction to Islamic Law.* Oxford: Clarendon Press, 1982.

Sellen, Daniel W., Monique Borgerhoff Mulder, and Daniela F. Sieff. "Fertility, Offspring Quality, and Wealth in Datoga Pastoralists: Testing Evolutionary Models of Intersexual Selection," in Cronk, Chagnon, and Irons, 2000.

Shaikh, Saʻdiyya. "Transforming Feminisms: Islam, women, and gender justice," in Safi, 2003.

Shepher, Joseph and Judith Reisman. "Pornography: A sociobiological attempt at understanding," *Ethology and Sociobiology,* 6:103-114, 1985.

Simmons, Gwendolyn Zoharah. "Are we up to the challenge? The need for a radical re-ordering of the Islamic discourse on women," in Safi, 2003.

Simmons, Russell. "Jay-Z," *Time,* 74, April 18, 2005.

Simpson, Jeffry A. and Steven W. Gangestad. "Individual differences in sociosexuality: Evidence for convergent and discriminant validity," *Journal of Personality and Social Psychology,* 60:870-883, 1991.

—. "Sociosexuality and Romantic Partner Choice," *Journal of Personality,* 60:31-51, 1992.

Simpson, Jeffry A., Steven W. Gangestad, and Michael Biek. "Personality and Nonverbal Social Behavior: An Ethological Perspective of Relationship Initiation," *Journal of Experimental Psychology,* 29:434-461, 1993.

Singh, Devendra and Robert K. Young. "Body Weight, Waist-to-Hip Ratio, Breasts, and Hips: Role in Judgments of Female Attractiveness and Desirability for Relationships," *Ethology and Sociobiology,* 16:483- 507, 1995.

Singh, Susheela and Jacqueline E. Darroch. "Trends in Sexual Activity Among Adolescent American Women: 1982-1995," *Family Planning Perspectives,* 31:212-219, 1999.

Sluming, Vanessa A. and John T. Manning. "Second to fourth digit ratio in elite musicians: Evidence for musical ability as an honest signal of male fitness," *Evolution and Human Behavior,* 21:1-9, 2000.

Smith, Eric Alden. "Three Styles in the Evolutionary Analysis of Human Behavior," in Cronk, Chagnon, and Irons, 2000.

Smuts, Barbara. "The evolutionary origins of patriarchy," *Human Nature,* 6:1-32, 1995.

Snijders, R.J.M., K. Sundberg, W. Holzgreve, G. Henry, and K.H. Nicolaides. "Maternal age- and gestation-specific risk for trisomy 21," *Ultrasound in Obstetrics and Gynecology,* 13:167-170, 1999.

Snyder, Mark, Jeffry A. Simpson, and Steve Gangestad. "Personality and sexual relations," *Journal of Personality and Social Psychology,* 51:181-190, 1986.

Soler, C., M. Núñez, R. Gutiérrez, J. Núñez, P. Medina, M. Sancho, J. Álvarez, and A. Núñez. "Facial attractiveness in men provides clues to semen quality," *Evolution and Human Behavior,* 24:199-207, 2003.

Sonfield, Adam and Rachel Benson Gold. "States' Implementation of the Section 510 Abstinence Education Program, FY 1999," *Family Planning Perspectives,* 33:166-171, 2001.

Strassman, Beverly I. "Polygyny, Family Structure, and Child Mortality: A Prospective Study Among the Dogon of Mali," in Cronk, Chagnon, and Irons, 2000.

Stromquist, Nelly P. "Women and Literacy: Promises and Constraints," *Annals of the American Academy of Political and Social Science,* 520:54-65, 1992.

Sudha, S. and S. Irudaya Rajan. "Female Demographic Disadvantage in India 1981-1991: Sex Selective Abortions and Female Infanticide," *Development and Change,* 30:585-618, 1999.

Symons, Donald. *The Evolution of Human Sexuality.* Oxford: Oxford University Press, 1979.

—. "On the Use and Misuse of Darwinism in the Study of Human Behavior," in Barkow, Cosmides, and Tooby, 1992.

Thornhill, Randy and Steve W. Gangestad. "Human Fluctuating Asymmetry and Sexual Behavior," *Psychological Science,* 5:297- 302, 1994.

—. "The evolution of human sexuality," *Trends in Ecology & Evolution,* 11:98-102, 1996.

Tooby, John and Leda Cosmides. "The Psychological Foundations of Culture," in Barkow, Cosmides, and Tooby, 1992.

Tooke, William and Lori Camire. "Patterns of deception in intersexual and intrasexual mating strategies," *Ethology and Sociobiology,* 12:345- 364, 1991.

Toubia, Nahid. "Female Circumcision as a Public Health Issue," *The New England Journal of Medicine,* 331:712-716, 1994.

Toprak, Binnaz. "The Religious Right," in Irvin C. Schick and Ertugrul Ahmet Tonak, eds., *Turkey in Transition: New Perspectives.* New York: Oxford University Press, 1987.

Trivers, Robert. "Parental Investment and Sexual Selection," in Bernard Campbell, ed., *Sexual Selection and the Descent of Man.* Chicago: Aldine de Gruyter, 1972.

—. "Parent-Offspring Conflict," *American Zoologist,* 14:249-264, 1974.

—. *Social Evolution.* Menlo Park: The Benjamin Cummings Publishing Company, 1985.

UNICEF. "Early Marriage: Child Spouses," *Innocenti Digest 7,* 2001. http://www.unicef-icdc.org/publications/pdf/digest7e.pdf, last accessed on 9/12/15.

United Nations Statistics Division. "Indicators on Illiteracy" (last update 1/28/05). http://unstats.un.org/unsd/demographic/products/socind/ illiteracy.htm, last accessed on 9/12/15.

United Nations Population Division, Department of Economic and Social Affairs. *World Urbanization Prospects: The 2005 Revision.* http:// www.un.org/esa/population/publications/WUP2005/2005wup.htm, last accessed on 9/12/15.

United States House of Representatives Committee on Government Reform- Minority Staff Special Investigations Division. *The Content of Federally Funded Abstinence-Only Education Programs* (Prepared for Rep. Henry A. Waxman), December 2004. http://spot.colorado.edu/~tooley/HenryWaxman.pdf, last accessed on 9/12/15.

USA Today (online). "Official: 15 of 19 Sept. 11 hijackers were Saudi," 2/6/02. http://usatoday30.usatoday.com/news/world/2002/02/06/ saudi.htm, last accessed on 9/12/15.

van Noord-Zaadstra, Boukje M., Caspar W.N. Looman, Hans Alsbach, J. Dik F. Habbema, Egbert R. te Velde, and Jan Karbaat. "Delaying childbearing: effect of age on fecundity and outcome of pregnancy," *BMJ,* 302:1361-1365, 1991.

Ventura, Stephanie J., Joyce C. Abma, William D. Mosher, and Stanley Henshaw. "Estimated Pregnancy Rates for the United States, 1990- 2000: An update," *National Vital Statistics Reports,* 52(23):1-9, 2004.

Walsh, Anthony. "Love styles, masculinity/femininity, physical attractiveness and sexual behavior: A test of evolutionary theory," *Ethology and Sociobiology,* 14:25-38, 1993.

Ward, Geoffrey C., and Ken Burns. *Not for Ourselves Alone: The Story of Elizabeth Cady Stanton and Susan B. Anthony.* New York: Alfred A. Knopf, 1999.

Watkins, Susan Alice, Marisa Rueda, and Marta Rodriguez. *Introducing Feminism.* New York: Totem Books, 1992.

Waynforth, David. "Differences in Time Use for Mating and Nepotistic Effort as a Function of Male Attractiveness in Rural Belize," *Evolution and Human Behavior,* 20:19-28, 1999.

Waynforth, David, Sonia Delwadia, and Miriam Camm. "The influence of women's mating strategies on preference for masculine facial architecture," *Evolution and Human Behavior,* 26:409-416, 2005.

Weatherhead, Patrick J. and Raleigh J. Robertson. "Offspring Quality and the Polygyny Threshold: "The Sexy Son Hypothesis"," *The American Naturalist,* 113:201-208, 1979.

Weigel, Ronald M. and M. Margaret Weigel. "Demographic factors affecting the fitness of polyandry for human males: A mathematical model and computer simulation," *Ethology and Sociobiology,* 8:93-133, 1987.

Weinstock, Hillard, Stuart Berman, and Willard Cates Jr. "Sexually Transmitted Diseases Among American Youth, Incidence and Prevalence Estimates, 2000," *Perspectives on Sexual and Reproductive Health,* 36(1):6-10, 2004.

Weisfeld, Glenn E. "Sociobiological patterns of Arab culture," *Ethology and Sociobiology,* 11:23-49, 1990.

Weiss, Rick. "The Power to Divide," *National Geographic,* 2-27, July 2005.

West, Emily. *Chains of Love: Slave Couples in Antebellum South Carolina.* Urbana: University of Illinois Press, 2004.

Williams, George C. *Sex and Evolution* (1975). Princeton: Princeton University Press, 1977.

—. *Adaptation and Natural Selection: A Critique of Some Current Evolutionary Thought* (with new preface). Princeton: Princeton University Press, 1996.

Wilson, Edward O. *Sociobiology: The New Synthesis.* Cambridge: The Belknap Press of Harvard University Press, 1975.

Wilson, Margo and Martin Daly. "The Man Who Mistook His Wife for a Chattel," in Barkow, Cosmides, and Tooby, 1992.

Wittenberger, James F. and Ronald L. Tilson. "The Evolution of Monogamy: Hypotheses and Evidence," *Annual Review of Ecology and Systematics,* 11:197-232, 1980.

Wolfinger, Nicholas H. "Beyond the Intergenerational Transmission of Divorce: Do People Replicate the Patterns of Marital Instability They Grew Up With?" *Journal of Family Issues,* 21:1061-1086, 2000.

Wright, Robert. *The Moral Animal: Why We Are the Way We Are: The New Science of Evolutionary Psychology.* New York: Vintage Books, 1994.

Wright, Robin. *The Last Great Revolution: Turmoil and Transformation in Iran.* New York: Vintage Books, 2001.

X, Malcolm and Alex Haley. *The Autobiography of Malcolm X.* New York: Grove Press, 1966.

Yahya, Harun. *The Evolution Deceit: The Scientific Collapse of Darwinism and its Ideological Background* (Sixth Edition). Istanbul: Kültür Publishing, 2001.

Zuckerman, Marvin, Richard Tushup, and Steven Finner. "Sexual attitudes and experience: Attitude and personality correlates and changes produced by a course in sexuality," *Journal of Consulting and Clinical Psychology,* 44:7-19, 1976.

Zwingle, Erla. "Cities," *National Geographic,* 70-99, November 2002.

# المصادر الموسيقية

2Pac. "I Get Around" (featuring Money B and Shock G), *Strictly 4 My N.I.G.G.A.Z...* Interscope Records, 1993.

50 Cent. "Fuck You," *Guess Who's Back?* Full Clip Records, 2002.

—. "U Not Like Me," *Guess Who's Back?* Full Clip Records, 2002.

—. "Patiently Waiting" (featuring Eminem), *Get Rich or Die Tryin'.* Interscope Records, 2003.

—. "P.I.M.P.," *Get Rich or Die Tryin'.* Interscope Records, 2003.

Big Pun. "Still Not a Player" (featuring Joe), *Endangered Species.* Loud Records, 2001.

Brand Nubian. "Slow Down," *One for All.* Elektra Records, 1990.

Destiny's Child. "Independent Women Part I," *Charlie's Angels: Music from the Motion Picture.* Sony Records, 2000.

Eminem. "Superman," *The Eminem Show.* Interscope Records, 2002.

Ghostface Killah. "Back Like That" (featuring Ne-Yo), *Fishscale.* Def Jam Recordings, 2006.

Jay-Z. "Ain't No Nigga" (featuring Foxy Brown), *Reasonable Doubt.* Roc- A-Fella Records, 1996.

—. "Who You Wit II," *In My Lifetime, Vol. 1.* Roc-A-Fella Records, 1997.

—. "A Million and One Questions" (extended version), *The City is Mine* (CD single). Def Jam Recordings, 1998.

—. "Big Pimpin'" (featuring UGK), *Vol. 3... Life and Times of S. Carter.* Roc-A-Fella Records, 1999.

—. "Do It Again (Put Ya Hands Up)" (featuring Beanie Sigel and Amil), *Vol. 3... Life and Times of S. Carter.* Roc-A-Fella Records, 1999.

—. "Hey Papi" (featuring Memphis Bleek), *Nutty Professor II (The Klumps) Soundtrack.* Def Jam Recordings, 2000.

—. "I Just Wanna Love U (Give It 2 Me)," *The Dynasty: Roc La Familia.* Roc-A-Fella Records, 2000.

—. "Song Cry," *The Blueprint.* Roc-A-Fella Records, 2001.

—. "'03 Bonnie & Clyde," *The Blueprint²: The Gift & The Curse.* Roc-A- Fella Records, 2002.

Jeru the Damaja. "Da Bichez," *The Sun Rises in the East.* Payday Records, 1994.

Kanye West. "Gold Digger" (featuring Jamie Foxx), *Late Registration.* Roc-A-Fella Records, 2005.

Ludacris. "Area Codes," *Word of Mouf.* Def Jam Recordings, 2001.

—."Splash Waterfalls," *Chicken-N-Beer.* Def Jam Recordings, 2003.

Nas. "2nd Childhood," *Stillmatic.* Columbia Records, 2001.

The Notorious B.I.G. "Big Poppa," *Ready to Die.* Bad Boy Records, 1994.

Onyx. "Da Nex Niguz," *Bacdafucup.* Def Jam Recordings, 1993.

Slick Rick. "Treat Her Like a Prostitute," *The Great Adventures of Slick Rick.* Def Jam Recordings, 1988.

Snoop Doggy Dogg. "Ain't No Fun (If the Homies Can't Have None)" (featuring Nate Dogg, Kurupt, and Warren G), *Doggystyle.* Death Row Records, 1993.

—. "Gin and Juice," *Doggystyle.* Death Row Records, 1993.

—. "Gz Up, Hoes Down," *Doggystyle.* Death Row Records, 1993.

# نبذة عن المؤلف

وُلد عزيز أمين في مدينة نيويورك ؛ والداه من الهند. بعد التخصص في الدراسات العربية والإسلامية في جامعة بنسلفانيا ، ألهمه الاطلاع على علم النفس التطوري إلى عشر سنوات من البحث المستقل الذي بلغ ذروته في تأليف هذا الكتاب. الآن هو طبيب ، ويعيش مع زوجته وطفليه.

# نبذة عن المترجم

ماهر رزوق من سوريا ، ودرس الترجمة في جامعة البعث في حمص. يعمل حاليًا كمترجم حر ، متخصصًا في ترجمة كل ما يتعلق بالفلسفة والعلوم (خاصة علم النفس التطوري). ينشر أغلب هذه الترجمات على وسائل التواصل الاجتماعي (فيس بوك ، تويتر) حيث يتابعه آلاف المهتمّين بالشأن الثقافي والمعرفي. يعيش الآن في إسطنبول.